フレディ・マーキュリー

華麗なるボヘミアン・ラプソディ

ピーター・フリーストーン＝著 デヴィッド・エヴァンス＝協力 田中雅子＝訳

DHC

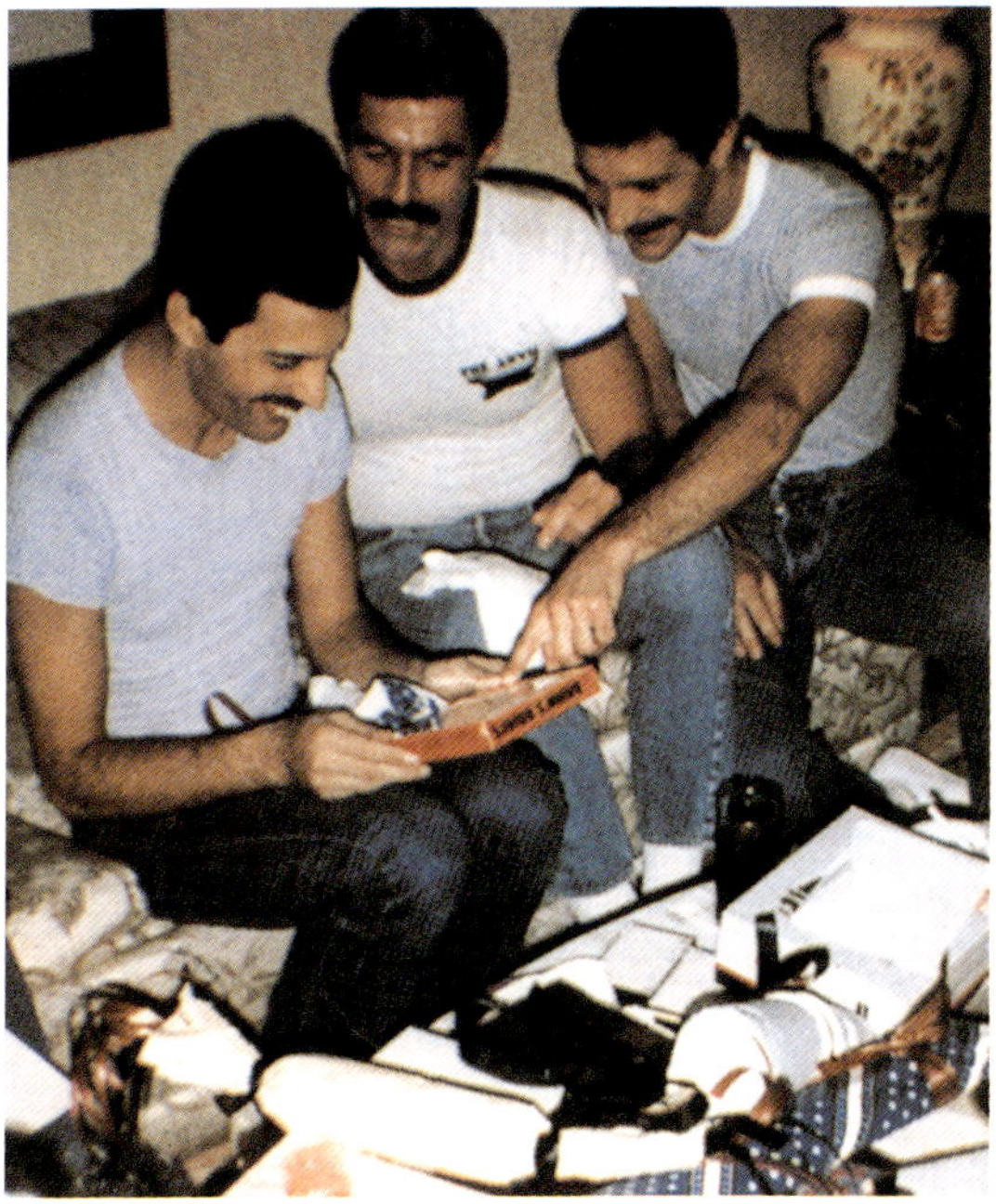

左からフレディ、ジョン・マーフィー、ジョー・スカディリ

左からリー・ノーラン、フレディ、ジョン・マーフィー、
ニューヨークのジム、ジム・クルツ。バンクーバーにて

左よりソア・アーノルド、ジョン・マーフィー、フレディと友人。
ロスのストーン・キャニオン・ロードのアパートのバスタブにて

ソア・アーノルドと。ロスにて

バースデイケーキの蝋燭を吹きけすフレディ。ロスにて

バーテンダーのヴィンスと。ロスにて

ロッド・スチュワートと。ロスのスタジオにて

左よりブリン・ブリデンサル、フレディ、ジャッキー・ブラウネル。ロスにて

左より（ひとりおいて）ロジャー・テイラー、
ロッド・スチュワート、フレディ。ロスにて

ロスのストーン・キャニオン・ロードのアパートにて

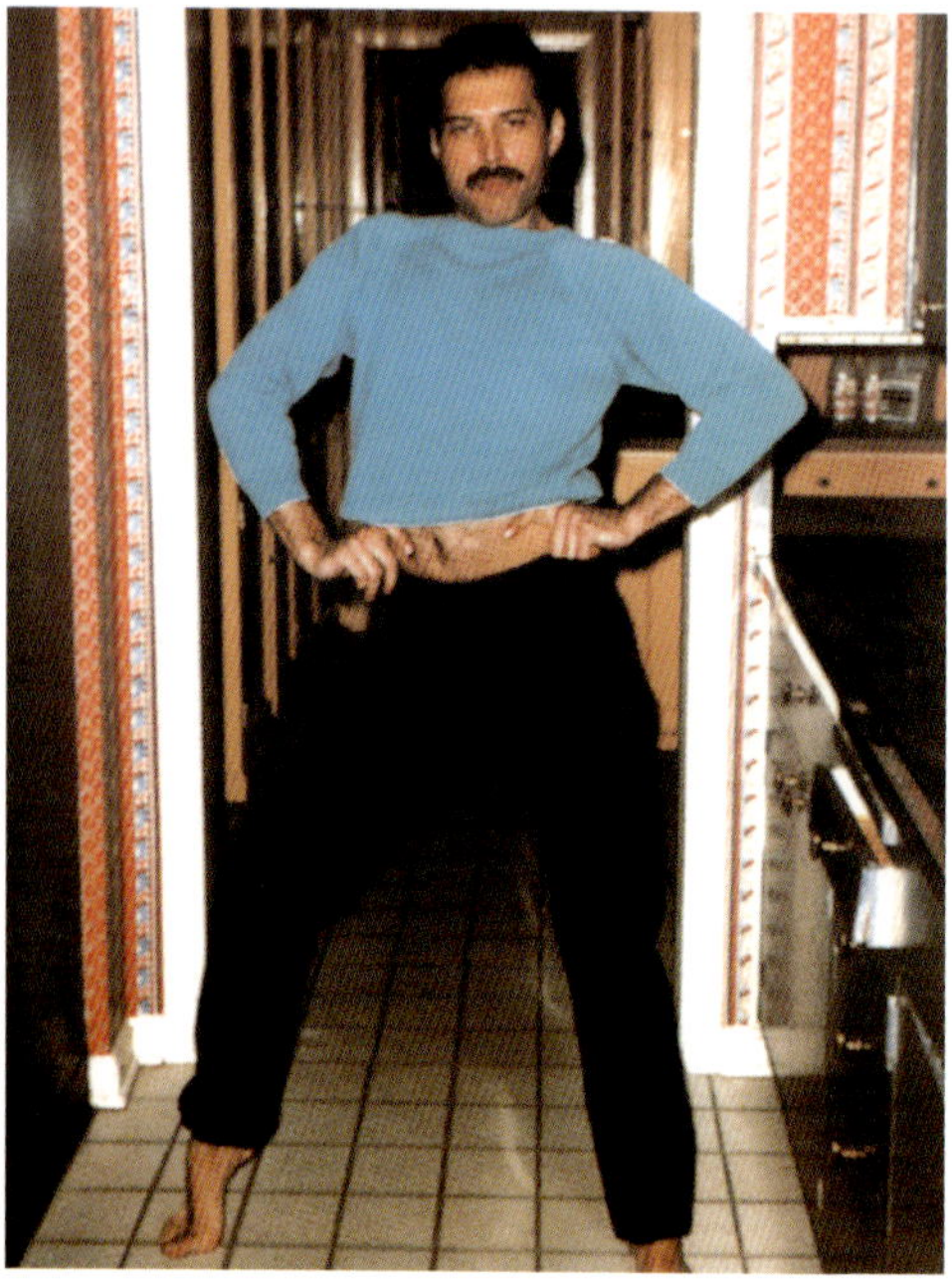

ロスのストーン・キャニオン・ロードのアパートにて

ジャッキー・ブラウネルと

左よりフレッド・マンテル、ラインホルド・マック、フレディ、リー・ノーラン、ジョー・スカディリ。ロスのレコード・プラント・スタジオにて

グランド・ピアノを弾くフレディ

フレディと友人たち（左より３番目が著者）。ニューヨーク東58番街のアパートにて

トニー・キングと

“ニューヨークの娘たち”とくつろぐフレディ。左よりソア・アーノルド、
著者、ジョン・マーフィー、パトリック、リー・ノーラン

ニューヨークの自宅で調髪するフレディ

帽子姿でポーズを取るフレディとニューヨークの仲間たち。
左下より時計回りにジョン・マーフィー、ジョー・スカディリ、
リー・ノーラン、著者、ソア・アーノルド、ポール・プレンター、フレディ

著者とフレディ

リー・ノーランと
バークシャー・パレス・ホテルにて

バークシャー・パレス・ホテルにて、
“カナダ人”チャーリーと

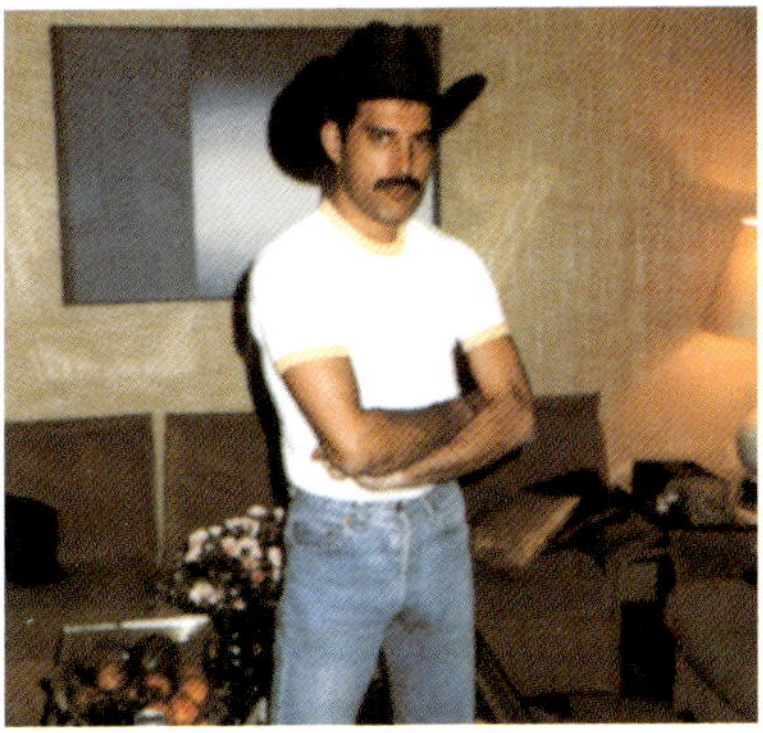

ミュンヘンのフレディ

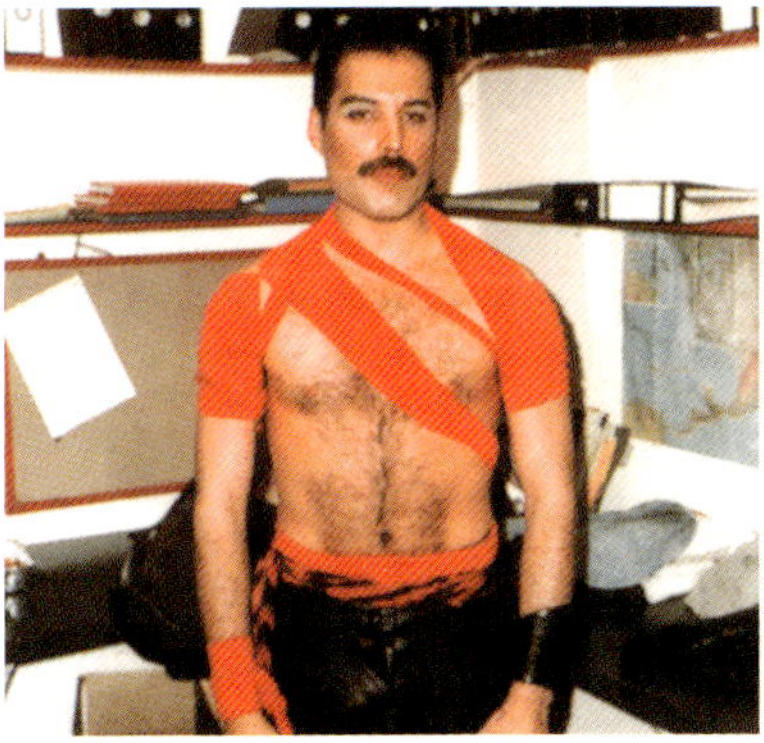

’83年ビデオ撮影楽屋にて

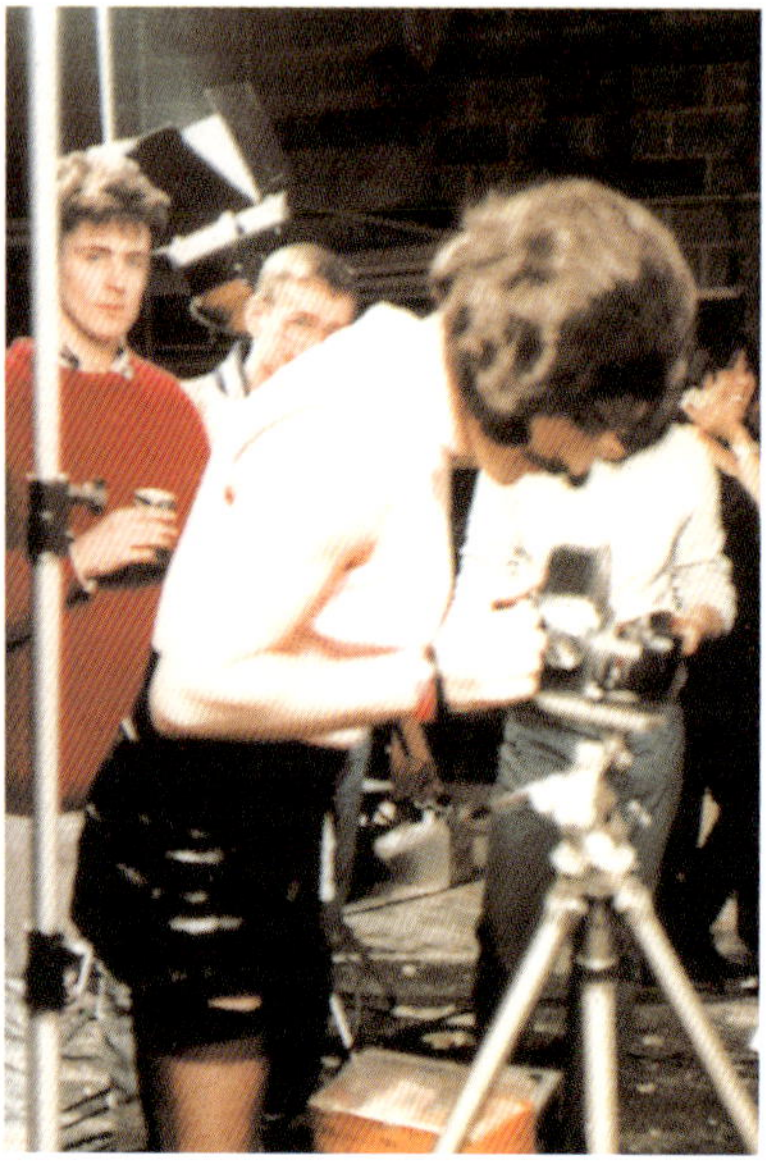

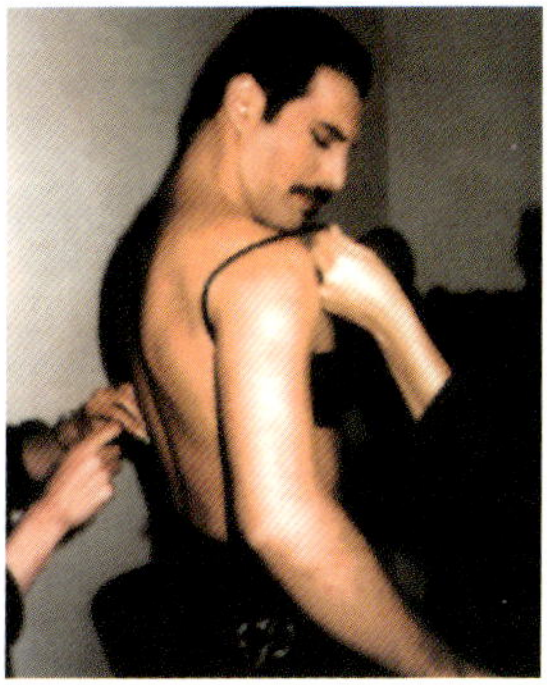

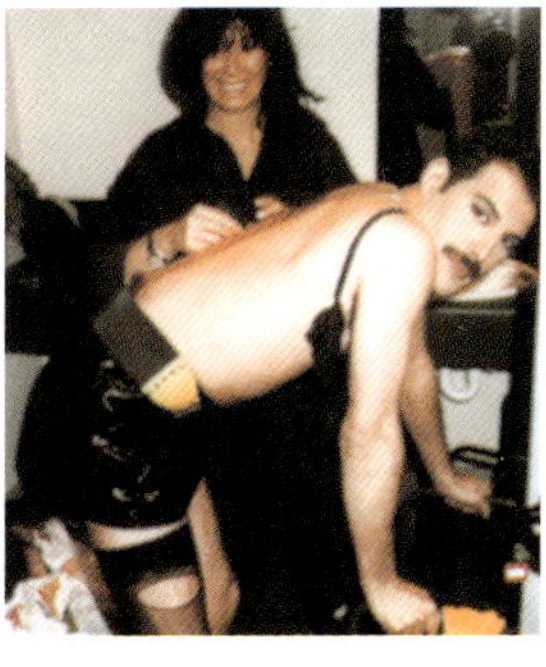

〈ブレイク・フリー〈自由への旅立ち〉〉ビデオ撮影現場にて

フレディと著者

メアリー・オースチンと

ヴィニー・キルヒベルガーと

左より、ポール・プレンター、フレディ、
カート・ラーブ、バルバラ・ヴァレンティン

トリップ・カラフと

愛猫たちと。ガーデン・ロッジの自室ベッドにて

FREDDIE MERCURY

FREDDIE MERCURY AN INTIMATE MEMOIR
BY THE MAN WHO KNEW HIM BEST
by Peter Freestone with David Evans

Japanese translation published in 2001
by DHC Corporation.
This edition published by arrangement with Book Sales Limited
through The English Agency (Japan) Ltd.

はじめに

'95年9月24日付サンデー・タイムズ紙に芸術活動を評価した「マスターズ・オブ・アーツ」が掲載された。部門はフェイバリット・ポップ・パフォーマーとグレイテスト・ポップ・パフォーマーの2つのセクションに分かれており、フェイバリット・パフォーマーに名を連ねていたのはエルヴィス・プレスリー、ザ・ビートルズ、エルトン・ジョン、そして10位にランク・インしていたのがフレディ・マーキュリーだった。同様にグレイテスト部門でもエルヴィス、ザ・ビートルズらに続きフレディは5位にランク・インしていた。

フレディにとって、プレスリー、ジョン・レノンは生涯を通じてのヒーローだった。まさか自分の死後、そんな敬愛して止まない彼らと肩を並べることになろうとは夢にも思わなかっただろう。また'79年10月、初めてクイーンと仕事をする話を聞かされた時の私も、20世紀後半を代表する偉大な作曲家のひとりといっても過言ではないフレディの人生に深く関わろうとは夢にも思っていなかった。

私はフレディのパーソナル・アシスタントとして、彼の生涯の最後の12年間で様々な役目を果たしてきた。料理や掃除などの家事から、執事・秘書・付き人、時には彼のお守りや相談相手に至るまで。必要とあらばボディ・ガードもこなし、そして彼の最晩年には看護夫の役目も果たした。一緒に世界中をツアーしてまわり、その創造の泉が溢れるさまやうまくいかずにフラストレーションが溜まっていく場面も目の当たりにしてきた。いずれにせよ、私は彼の友人のひとりだった。それだけは確かなことだ。

私は彼の仕事の着想から実を結ぶまでという創作行程の現場に立ちあえた、多くの幸運な人々の中のひとりである。音楽を作りあげていくということはただ歌詞を考えて書きおろしていく以上に、感情も必要であるし、それに至る理由が大事になってくる。フレディの豊かな感情は底をつくことがなかった。

私はこの本を書くにあたって、芸術家でありひとりの男としてのフレディ・マーキュリーの姿をできるかぎり真摯に伝える義務があると考えた。これまで書かれてきた彼の姿以上、何より正確に伝えたいと考えている。彼のことを知りもしないマスコミやエセ伝記作家が作りあげた大げさな「フレディ・マーキュリー像」を一掃することがこの本を書こうと思った一番の動機だった。この本を介して、ひとりでも多くの人々に彼の内面を知っていただければ幸いだ。私は人は他人を完全に理解できるものだとは思っていない。だから、すべてを断定的に主張する気は毛頭ない。ここに綴るのは私の目から見たフレディ・マーキュリーというひとりの天才の生涯であり、その仕事である。

'95年－'98年　ロンドンにて　ピーター・フリーストーン

第1章：ツアー

幸運な衣装係

初めてフレディ・マーキュリーを見かけたのは'73年のことだった。場所はロンドン、ケンジントン・ハイ・ストリートの旧デリー・アンド・トムのビルにあったレストラン、レインボールーム。フレディは当時つきあっていたメアリー・オースティンという、ビルのテナントに入っていたファッション・ブティック、ビバ（商品の回転が速く、ディスプレイも個性的でウィンドー・ショッピングだけでも楽しめる最先端の店だった）で働いていた娘とお茶をしに来ていた。彼の強烈な印象は今もなお私の記憶に残っている。黒い長髪に襟に狐の毛皮のついたジャケットを着て、クリーム色の大きな貝殻の型をしたレストランの椅子に身を沈めていたフレディのカリスマ的なオーラは、その場を圧倒していた。その姿には誰もが目を留めずにはいられなかった。その頃、クイーンはまだ人気バンドとはいえなかった。とはいえ、将来を嘱望されたロックバンドということだけは間違いなかったが。

フレディに会ったレインボールームは、元々はダンスホールだった。アール・デコ調の重ね塗りされた漆喰飾りのついた天井に、虹のような7色の照明効果の設備が施され、それが店の名前の由来だった。フレディはその天井が気にいっていたらしく、後に所有することになる自分の家の天井に同じデザインを取りいれた。

レインボールームで見かけた折は単なる傍観者にすぎなかったが、'79年の後半、私はフレディと知りあうことになる。それまでの6年間、クイーンは世界的に人気を博し、ツアーしてまわるほどの成功を収め、私はといえばロイヤル・バレエ団の衣装係として同バレエ団の公演旅行に同行したり、コベント・ガーデンにあるロイヤル・オペラハウスで仕事をしたりしていた。

私の生まれは英国サリー州カーシャルトンだが、当時両親がインドのカルカッタでホテルを経営していた関係で、6歳から5年間、兄のレスリーJr.と共に南インドのウータカマンドで過ごした。そこはニルギリ茶の栽培園の広がる高原でインドの王族の避暑地であり、ネイティヴ・インディアンのトダ族の居住地としても知られている所だ。私と兄はラシントン・スクールという全寮制の学校に入学し、両親に会って贅沢できるのはイースター・ホリデイの時期など年に約3ヶ月ほどだった。なんの因果か、フレディもまたインドで少年時代を過ごしていた。

私が11歳の頃、家族で英国に帰国。私はノース・ケンジントンのアイザック・ニュートン・セコンダリー・モダン・スクールに入学した。学生時代の私はレコードはさほど持っておらず、ポップスよりむしろクラシックを聴いていた。宿題をやる時のBGMはワーグナー。特にどこが好きだったということは説明しにくいが、インスピレーションを刺激されたものだ。学校卒業後、セルフリッジ・デパートに就職した。セルフリッジでの新入社員としての仕事はケータリング・マネージメントの企画だった。9時から5時までの事務職は、うんざりするほど退屈な仕事だった。そんなある日、職場の友人に誘われ夕方からロイヤル・オペラハウスで単発のアルバイトを始めた。

'75年4月22日、私はオペラの男声コーラス員の衣装担当をまかされた。その時の演目はヴェルディの歌劇『トロヴァトーレ』。有名なアリア〈恋はバラ色の翼に乗って〉を歌うのは、偶然にも後に大きな関わり合いを持つことになる偉大な歌姫モンセラ・カバリエだった。'77年の初頭、オペラハウスからの誘いもあり、私はロイヤル・バレエ団の衣装係に転職した。

'79年10月7日、ウェストミンスター福祉会の精神薄弱児のためのチャリティー用に、バレエ団のデレク・ディーンとウェイン・イーグリングはセント・マーティンズ・レーンにあるロンドン・コロシアムでガラの準備に追われていた。そんな時、イーグリングの元に当時すでに大スターだったフレディが「特別ゲストとして公演の最後に飛び入りできないだろうか」という打診をしてきた。それはクイーンのレコード会社EMIレコードの会長、ジョセフ・ロックウッド卿を通じての申し入れだった。ロイヤル・バレエ団の役員のひとりとして影響力の大きかったロックウッド卿にはフレディの口利きをすることなどたやすいことだった。

というわけで、私がフレディを初めて正式に紹介されたのは、ロイヤル・オペラハウスの「ランニング衣装係」の部屋でのことだった。バレエ団の公演に使用する衣装はすべて衣装部が管理していた。私の仕事は開演中に衣装を直したり衣装替えを行うこと、つまり「ランニング（公演中）の衣装係」と呼ばれているものだった。

フレディはポール・プレンターと一緒に、衣装担当者との打ち合わせでやってきた。すでに共演する団員とはバレエスクールやバロンズ・コートのスタジオで何度かリハーサルをしていたが、彼がオペラハウスにやって来たのはその時が初めてだった。フレディが公演に出演することは、当日彼がステージに登場するまで外部には伏せられていた。

フレディの出演シーンは、次のようなものを予定していた。まず、〈愛という名の欲望〉をビデオ・クリップで見られるような革のバイクジャケットに帽子という出で立ちで登場。曲が終わるや周りのダンサーたちが彼を客席から見えないように取りかこむ。そしてシルヴァーのスパンコールのついたレオタードに着替えた彼がダンサーたちに宙に放られ、再び観客の前に現れて〈ボヘミアン・ラプソディ〉を歌うというものだった。

その夜、ナイトクラブ、レジェンドで行われたパーティに私も招待され、その時初めてフレディと一言二言短い言葉を交わした。ポールとはもう少し長く話をした。彼は北アイルランド出身で、当時フレディやクイーンのパーソナル・マネージャーをしていた。基本的には穏和な性格だったが、アイリッシュ気質とでも言うべきか頭に血の上りやすいところがあり、他人に当たり散らしている現場に何度か遭遇したことがある。私も1、2度雷を落とされたことがあった。

パーティから2週間ほどしてポールからバレエ団の衣装係の主任マイケル・ブラウンの所に連絡が入った。内容は「クイーンの6週間に渡る全英ツアーに同行してくれる者を探している」というものだった。「クレイジー・ツアー」は小規模の会場を使用することでクイーンにとっては原点に返ることを目的としたツアーだった。2千席以上のキャパの会場はほとんどなく、ツアー最終日12月26日のボクシング・デイにハマースミス・オデオンで催されたカンボジア難民救済コンサートへの参加が最も大規模なものになった。

私が仕事を受けることを申しでた際、私のことを覚えていてくれたポールは快く了解してくれた。とはいえ私は内心、冷や汗をかいていた。なにしろクイーンのメンバーの名前も、バンドが何人編成なのかさえ知らなかったからだ。彼らの歌で知っていたのは〈輝ける7つの海〉〈キラー・クイーン〉、そして〈ボヘミアン～〉がすべてだった。2週間後に始まるツアーに備え、新しい雇い主について知っておかなければならないことが数多くあった。

舞台裏

仕事初日、私は事務所のスタッフの車に乗せられ、リハーサル会場となっていたシェパートン撮影所へ向かった。撮影所に着くとポールが出迎えてくれ、サウンドステージのひとつへと通された。そこには彼らのステージセットがそのまま再現されていた。赤や緑、オレンジといった小山のような様々な色の塊の、まるでピザ用のオーブンを彷彿とさせるライティング・テスト。私はステージ上にセットされた大量の機材に、とにかく圧倒された。メンバーはまだ来ていなかったが、ポールは広大な内部を通って車付きのステージ衣装のトランクに私を案内すると、それらを仕訳しておくように指示し、そして「メンバーが全員そろったら君を紹介するから」と付けくわえた。

トランクの中は凄まじいものだった。くしゃくしゃに丸められた数着のサンドラ・ローズの服、フレディが愛用しているフランス製でレネ・ジノのピンクのメイクおとし、コットンボール、ヘアスプレー、チューブ入りタルカムでグリースを吸収する効果のある特殊なドライ・シャンプーといったメイク用品が散乱していた。ブーツやスニーカーなどの靴に混じって、アメリカ人デザイナーによる自由の女神やエンパイア・ステート・ビルのホログラフの写真のついた白黒のビニールの衣装もあった。どうやらトランクは前のツアーが終わった直後さっさと蓋を閉じられたらしく、その後開けた者はいないようだった。

やがて多くの人々が忙しく出入りしはじめ、その中にひとり目立つ人物がいた。防寒用の足下まで長い狼の毛皮のコートを着込んで盛んに歩きまわっていたのはクイーンのマネージャー、ジム・ビーチだった。その時ポールが私の名を呼んでいるのが聞こえた。いつのまにか、ブライアン・メイ、ロジャー・テイラー、ジョン・ディーコン、そしてフレディが集まっていた。ポールが私をメンバーに紹介すると、フレディがすぐさまこう言葉をかけてくれた「僕らは、もう他人同士じゃないんだよ、君《ディア》」。私の緊張は一挙にほぐれていった。

バンドのリハーサルが始まり、その後4、5時間、私は初めてクイーンの曲に浸った。そして聴いたことはあっても誰が歌っているのかも知らなかった〈マイ・ベスト・フレンド〉〈愛にすべてを〉〈伝説のチャンピオン〉など多くのナンバーが彼らの曲だったことを知った。彼らは練習の虫だった。全員が満足するまで何度でもリハーサルを繰りかえし、完璧なステージを目指していた。

私の初仕事はひたすら洗濯やクリーニングが必要な衣装を集めて、ツアー・マネージャーのジェリー・スティッケルスとそれらをロンドンへと持ちかえることだった。2日後、きれいになった衣装を抱えて私は再びスタジオへ向かった。その日、各メンバーから今度のツアーで必要なものをリクエストされた。ジョンはサイズ43の黒いキッカーズと白の丸首Tシャツを2枚、ロジャーは白いスエットバンド6個に白と黒それぞれの靴下を何足か。ブライアンは首のラインが浅い白と黒のTシャツを1枚ずつと黒地に白いフリンジのついたウェスタンっぽいシャツ。フレディは赤のビニールパンツ3本、革と光る素材の赤のタイツを1枚ずつ、そしてベルトのようにも使える細身の黒のタイツ数枚。さらにスケートボード用の膝当てとボクサーがはくような脇に黒い線が入った白地の軽いブーツなどなど。彼の衣装プランは次のようなものだった。コンサートの最初はまず黒いレザージャケットを着て、次にそれを脱いだTシャツ姿、最後にはそれも脱いでズボンとブーツだけになるというものだった。注文通りのブーツはすぐには見つけられなかったが、様々な色のTシャツやサスペンダーはすぐ手に入った。2、3日かけてロンドンのケンジントン・マーケットやスリック・ウィリーの近くの店で品物を買いそろえていった。

衣装まわりを取りそろえたところで、私は不測の事態に見舞われた。芝居では当然のことのようにあるドレス・リハーサルがないのだ。つまり、衣装替えのタイミングや仕事の流れは、ある意味ぶっつけ本番というわけだ。気が動転するなか、クイーンのライブでの衣装について「大原則」があることを知った。それは「規模が小さい時には黒い衣装、大きい時には白い衣装」というルールだった。

ツアーはアイルランドのコーク・シティホールを皮切りに、サイモンズ・コートにあるロイヤル・ダブリン・ショーグランドへと続くことになっていたが、結局コークでのショーがキャンセルされたため、ダブリンが初日となった。私は不安とプレッシャーに押しつぶされそうだったが、案ずるより産むが易し。すべてはスムーズに滑りだした。

私の仕事の流れはおおよそこんな具合だった。サウンドチェックへ向かうバンドのメンバーと一緒に会場に入る。機材やステージ上のモニターの音量チェックなどを終えたメンバーが一旦ホテルへ戻ると、私が楽屋の準備にとりかかる。衣装係として楽屋に常備すべきものは、強力ヘアドライヤー、アイロン、ティッシュ数箱、コットンボール数箱、スポンジ、クレイロール、薬草入りボディローション、ガウン、髪の毛のセット用ジェル。懐中電灯も必要不可欠だ。

ドレッサーには、各種のメイク道具を広げておく。メンバーは各自9年間の経験で独自のメイク・テクニックを身につけていた。フレディはペンシルタイプのアイライナーを使っていたため、客席後方の観客も彼の目がちゃんと判別できた。彼のアイメイクの基本になっているのはザンジバルやインドで過ごした日々のなごりかもしれない。というのも、それらの土地の女性たちは自らの心の鏡である目を強調してみせるため、コール墨を日常使っていたからだ。用意していた基礎メイキャップ用品は次の通りだ。マックスファクターの25番のファンデーション、ランコムのマキマット31/2、レブロンのオール・ウェザー用ファンデのアイボリー3番、クリニークのカヴァー長持ちヴァイタル・ベージュなど。まさにロック界のメイキャップ・キングと呼べるものだった。

そして、クルーが部屋に運びこんでくれた巨大な立て掛けの衣装トランクからメンバーが着たいと思うような衣装も選りわけておく。ブライアン、ロジャー、ジョンが着そうなTシャツを選べるように何種類か取りだしてアイロンをかけはじめ、それらアイロンがけの済んだシャツは部屋の4ヶ所に吊しておく。フレディのものは別にして、Tシャツなどは選べるように何枚か広げておいた。靴は各メンバーと履きかえることはなかったので一番楽だった。下着に関してはメンバーが各自前で用意していたが、フレディはいつもライブ後に乾いたものを欲しがったため、私が衣装のひとつとして用意しておいた。

開演1時間半前、ホテルから戻ってきたメンバーたちは楽屋にやって来ると即座に前の会場や楽屋の品評会を始めた。「ここのほうが椅子は多いな」「前より広いじゃないか」「トイレはひどいもんだ」といったふうに。そして、クルー用のケータリング・ルームに腹ごしらえに出かけた。他のメンバーが食事に行っても、フレディはたいてい楽屋でアールグレイのミルクティーに砂糖を2個入れて飲みながら喉を温めていることが多かった。

そして開演1時間ほど前にはメンバー4人きりで支度を始めた。余裕があまりない時でも、必ず

20分はメイク時間にあてていた。フレディはいつも衣装を着替える前にメイクをしていた。服を脱ぎ、上半身裸にローブを羽織ってアイライナーを引く。メンバーは各自ローブを割りあてられていたが、フレディは部屋の中がよほど暑くないかぎり、ずっとローブを手放さなかった。他のメンバーは靴ひもを結んだりネクタイを締めるのは自分でやっていたが、フレディはボクシング・シューズを履く際やメイクやセットした髪型を崩さずに上半身に服を着る時など手助けが必要だった。

楽屋に入室を許されていたのは、ジム・ビーチやポール、そしてメンバーの家族や恋人たちだった。そんな彼らも開演時間が迫ってくると、メンバー4人がわずかな時間でも精神を集中できるようにと退室し会場へ席を探しにいった。メンバーは開演前のひととき、前回のライブで失敗した点や全員もしくは誰かがもっとこうすれば良かったというような反省点を細かく冷静に話しあった。怒鳴ったりわめき散らしたり辛辣な批判や激論が飛びかうヒートアップしたステージ後とは、まったく対照的だった。その際、曲順の変更などが生じる場合もあるため、本番30分ほど前になるとツアー・クルーのラッティやクリスタル、ジョビーらが何か変更はないか確認に来るのが常だった。最後にメンバーはサウンド担当のクルー、トリップ・カラフ、ジム・デヴェニーに、ドラムをもっと高く上げるとか、モニターからのヴォーカルを下げるようにといった指示を与えた。カラフへの指示はいつでも「もっと音を大きく！」だった。

ツアー・マネージャーのスティッケルスは楽屋内外を問わず、ライブにおける全責任を負っていた。彼は警備員たちに脇を固められたメンバーをステージへと先導する。誰もいなくなった楽屋のドアにも警備員がついた。ステージ途中でフレディが駆けこんでくる場合に備えて、ドアには鍵がかけられないからだ。

開演前、私たちはステージの真後ろにある「ドールハウス（足場用の材料と黒い分厚い布素材で作られた小部屋）」に入った。そこはメンバーがステージの合間に水分などを補給する待機場所でもあった。飲み物はホットのハニー・レモンからビール、ウォッカトニックまで何でも揃っていた。室内には椅子が5脚と大きなフルサイズの鏡が1枚（メンバーは再度ステージに出る前、身だしなみに気を配っていた）。また光量の強いライトと、熱冷まし用の電気ファンが置かれていた。各自のソロや〈ボヘミアン～〉の間奏時にメンバーが戻ってくるため、私は着替えも準備しておいた。

開演前PAから流れているBGMテープの音楽が突然途絶え、ショーの始まりを告げるイントロのテープに切りかわると観客たちが上げる大歓声に鳥肌がたつ。ドールハウスの出入り口では、ジョビーがブライアンのギターを手にしている。クイーンのステージにはかかせない大量のスモークがたかれる中、ブライアン、ロジャー、そしてジョンが舞台へ。イントロのテープの曲が終わるやいなやブライアンが最初のコードをかき鳴らす。と、まさに絶妙のタイミングで、ステージに飛びだすフレディの姿をスポットライトがくっきりと捉える。ショーの始まりだ。この瞬間、バンドに関わっている誰もが経験するライティングもサウンドもすべての裏方の努力がミュージシャンと一体になった時の気分というのは、とても筆舌しがたい種類のものだ。

ステージが始まると、私は万が一に備えてステージ袖に待機した。もし衣装が破けたりするようなことがあった場合、楽屋に走っていって替えを取ってこなければならないからだ。それぞれのソロ演奏を利用して、メンバー全員がドールハウスでTシャツを着替えたし、フレディも着替えと同時に髪を乾かした。衣装替えが済んだらすぐ私は楽屋に行って、4着それぞれ色の違ったパイル地のガウンを取ってこなければならなかった。他のメンバーは特に色の好みはなかったが、フレディはいつも黄色のガウンを好んだ。

クイーンのアンコールは定番化していたため、警備員もメンバーがステージから下りてくるタイミングを心得ていた。〈ゴッド・セイヴ・ザ・クイーン〉のテープが流れると、私を含むスタッフ4人はドールハウス脇でそれぞれ担当のメンバーにガウンを掛ける準備についた。明るいステージから下りてきたメンバーは暗闇に目が慣れるのに時間がかかるため、私たちは各自懐中電灯を手にした。楽屋はどんな会場でも使い勝手の良いようにステージ側に位置していた。公演終了後の30分間に中に入ることを許されていたのは、メンバーの他はポールと私だけだった。ドアの外には警備員が付き、許可が下りるまでは他の者は入室を許されなかった。ポールと私はその日のショーの流れによって、終演後に起きることを大方把握していた。メンバーの誰かが部屋の鏡や調度品をぶちこわすのではないかと心配することも確かにあった。それもまた、ステージでの失敗を含め張りつめた緊張を解放する手段のひとつではあったからだ。

ポールがシャンパンなど飲み物を振るまい、メンバーがショーの出来について話しあっている間、私はフレディのブーツの紐をほどこうと格闘したり、着替えの手伝いをしていることがほとんどだった。各クルーの責任で回避できたような技術面での不要なミスがあった場合にはスティッケルスがあわてて飛んできて状況の説明をした。反省はもちろん絶対に必要なことではあったが、次のステージは別の会場に移動するため、まったく別の問題が起こらないとも限らなかった。

メンバーやスタッフが反省会を行っているなか、私はトランクに戻された使用済みの衣装を回収し、次の会場へ持ちこむものとそれらを仕分けに入る。そして、その日泊まるホテルに指定の時間内でクリーニングが可能かどうか、またそうした設備が整っているかどうか事前に確認を済ませておき、靴下やTシャツは持ちかえってクリーニングに出した。設備が整っていない場所が3公演ほど続いたとしても、メンバーが不自由しないだけの数の衣装を常に持ちあるくようにしていた。

オフ・ステージ

ツアーはイギリス本土へ戻り、まずバーミンガムのナショナル・エキシビジョン・センター（NEC）、次いでマンチェスターのアポロ・シアター、そしてグラスゴーへ。私は、初めてのグラスゴーをとても気にいった。友好的で温かい人たちばかりでとてもすばらしかった。ツアーはニューカッスルのシティ・ホール、リヴァプールではあの有名なエンパイア・シアター、そしてブリストルではかつてロイヤル・バレエ団と訪れたこともあるヒポドロームと続き、そして思い出深いブライトン公演を迎えることになる。

その日、ロンドンのリッソン・グリーン・エステイトにある私のフラットにリムジンが迎えにやってきた。ブルーのベンツのリムジンが横づけされた時、私は反応に困ってしまった。リムジンは、隣人たちの注目の的だった。ポールからは「迎えの車が君を拾いに行くから、フレディと僕の待ってるレストランに来てくれ。それから一緒にブライトンに向かおう」としか聞かされていなかった。

チェルシー地区のフルハム・ロードにあるレストラン、メリディアナに着くと、部屋の一角から騒々しい笑い声が聞こえてきた。そこにいたのはフレディ、ポールとピーター・ストレイカーだった。ピーターとフレディは'75年からの付き合いで、以来、フレディにとって最も親しい友人のひとりだった。ピーターは食事の席で目立つ以上に、社交的で人生を謳歌している人物だった。彼はフレディが沈んでいるような時、いつもうまいツボを突いて笑わせた。

ブライトンへ向かう車中は、最初から最後まで爆笑の連続だった。ポールとピーターは延々と冗談を言いあい、フレディは開演時間が迫ってきているというのにリラックスしている様子だった。そして、道中、私は「フィービー」というニックネームを頂戴することになる。命名者はフレディだった。彼曰く「君のイメージにぴったりだし、名字にもしっくりマッチして馴染んでるだろ?」。そこにいたみんなにニックネームがあったが、どうやらフレディがつけたものらしかった。

フレディがトニー・バスティンに会ったのもブライトンだった。バスティンは背丈が180センチほどの並みの体格で、髪は金髪、実に愛敬のある笑顔の持ち主だった。バスティンにとって、フレディは好みのタイプではなかったものの、バスティンは私がフレディの側で働くようになって彼と関係が長続きした最初の恋人となった。ふたりが出会ったのはライブの後、ブライトンにあまたあるナイトスポットのうちの一軒でのことだった。やがてパーティはグランドホテルの海側に面したフレディのスイートルームに場所を移した。それは誰もが想像するようなロックンロールのパーティとは異なり、わずか10人ほどの人間たちが和みながら飲んだり笑ったりするだけのものだった。明け方、ポールが残っていたグループを切りあげさせてお開きになった。

私はこの日のパーティを通して、ワイルドなステージングを展開するフレディがいかにライブにおいて自らを鼓舞しているのかを知った。ショーの最初から最後までテンションを落とさず輝きつづけられるよう、気分の高揚を持続させなければならなかった彼には、終演後、夜のバーへ繰りだしたり、ホテルでパーティを開いて張りつめていた気分を解放させることが不可欠だったのだ。私にとって、そんな場に同行するのもまた仕事の一部だった。最初の頃、私はバンド・メンバー全員のために1日20時間近い労働をこなしていた。

全英ツアーはロンドンでの6公演でフィナーレを迎えるはずだったが、ストランドのライシアム、フィンズベリー・パークのレインボーでの公演を終えた時点で、追加公演の必要が生じた。というのも、シングル〈セイヴ・ミー〉のプロモ用に鳩が舞うシーンを撮影しなければならなかったのだが、監督を務めていたデヴィッド・マレットがステージからオーケストラ・ピットへ転落するというアクシデントが起きてしまったのだ。幸い大事には至らなかったものの、不測の事故にこのままではスケジュールに間にあわない可能性がでてきた。そのため、パーリーにあるティファニーのナイトクラブで急遽ライブを行うことになった。

今回のツアーは比較的会場の規模が小さいとはいえ、ティファニーはさらに小さかったため、それまでのライティング・システムは持ちこめなかった。クルーはロジャーが使っていた大きなドラの支柱にライトを2、3取りつけ、またミラーボールも持ちこんだ。フレディにとって難しかったのは、自分のパフォーマンスを縮小することだった。その晩の衣装は「バンドの慣例」に則って黒の衣装が選ばれた。

その後、ツアーはトッテナム・メイフェア、ルイシャム・オデオンと続き、12月22日に行われた北ロンドンのホーンゼイ、アレクサンドラ・パレスの模様も〈セイヴ・ミー〉のライブ・シーンとして使用された。これがツアーの最終公演のはずだったが、12月26日、ハマースミス・オデオンで行われたカンボジア難民救済コンサートに参加した。それはプロモーターのハーヴェイ・ゴールドスミスが追加で組みこんだものだったが、このステージが結局「クレイジー・ツアー」の全英ツアーの大団円となり、私にとっても6週間に渡る彼らとの仕事が終了した。

ツアーに同行して、フレディに関して気がついていたことが2つほどあった。ひとつ目は彼は感情的に安定することを欲してはいたものの、パフォーマンスへの触媒としての葛藤や衝突も欲していたということ。彼は頭の中で自分に必要な事柄を明確に分かった上で、自分の理想通りにことが運ぶよう癇癪を起こす準備までしていた。フレディは自分が癇癪を起こした時の価値を良く分かっており、何らかの大きな効果を狙った上で、その矛先をバンドや仕事の仲間たちに向けていた。

そして、ふたつ目はフレディは完璧主義者だということ。彼のことを知る者は誰も、彼が多くの物事に対する自分の知識や理解に関してはとても謙遜していた一方で、最後まで100パーセント完璧に理解できていると確信の持てないものに関しては足を踏みいれない質であることを知っていた。フレディは人並みはずれた洞察力を備えており、彼が「だから、そう言ったじゃないか」というセリフを言う場面に多くでくわした。

フレディは、かなり気前の良い人物だった。彼は贈り物をして相手がリボンをほどいて包みを開けた瞬間の顔を見るのがとても楽しくてたまらない様子だった。私が初めての贈り物をもらったのは、同ツアー中のクリスマスだった。私の契約がもうすぐ切れることを知ったフレディは、真っ赤な革がトレードマークの箱包みを携えてサンタクロースよろしく現れた。箱包みの中身は、ボンド・ストリートの宝石店、カルティエの美しい置き時計だった。

私とクイーンとの契約期間に関しては当初からきちんと話がついていた。ただ将来的に、もし私のスケジュールが空いており、バンドのメンバーも望んでくれるなら、次の仕事も依頼してもらえることは明らかだった。とはいえ、クイーンに雇ってもらえる保証もなければ、それがいつ起こるかも分からなかったため、友人が中央郵便本局（GPO）の電話サービスの仕事を勧めてくれたので、問い合わせたところ面接を受けることになり、電話交換手として働くことにした。

私が交換手の仕事に就いてからも、ポールは週に1～2回は連絡をくれた。ポールと話をしたのは、フレディがコロシアムでの舞台を終えた後のパーティが初めてだったが、彼は見知らぬ誰とでもうまくやっていける才能があった。ポールはクイーンのパーソナル・マネージャーとしてインタビューのアレンジから移動、バンドがビジネスの場にある時には立ちあうなど、日々バンドの活動を管理していたが、メンバーの中でも特にフレディとは一番ウマがあっていた。というのも2人とも同性愛者だったからだ。私はすぐにそのことに気がついた。彼らは決して恋人同士というわけではなかったが、ほとんど毎晩クラブやバーに一緒に出かけていた。私はそれまで1日14時間にも及ぶ仕事もあったため、クラブ通いするような人種ではなかったし、世界にこんなにたくさんバーやクラブがあることを知らなかった。ポールはいつでも、どんなところへ行っても会話の中心にいた。陽気なピエロの王子様だった。おそらくフレディはもちろん、ピーター、サラ・ハリソン、ケニー・エヴェレット、アニー・チャーリーズとその愛犬、そしてトレヴァー・クラークといった友人たちを楽しませることまでポールの仕事の一部だったのだろう。

郵便局の仕事を始めて6週間が過ぎた頃、遂にポールから待ち望んできた電話をもらった。「フィービー、全米ツアーに来られるかな?」と。迷いはなかった。「もちろん、行くさ!」。アメリカにはロイヤル・バレエ団と一緒に2度ほど行ったことがあった。私がクイーンとそれまで共に過ごしたわずかな期間と比べても、アメリカでのツアーはまったく違ったものになることは伺い知れた。私は中央郵便本局を辞めた。

北米ツアー

フレディにとって、アメリカはエヴェレスト山のようなもの。その尾根を登り、頂上を極めなければならない場所だった。イギリスでの「クレイジー・ツアー」の会場キャパは2千～3千人クラスだったが、アメリカでは1万5000人もの絶叫や大歓声に迎えられるのだ。当時アメリカで前座のバンドのサポートなしにそれぐらいの規模の会場を満杯にできるイギリスのバンドは、ローリング・ストーンズ、ザ・フー、そしてレッド・ツェッペリンといった一握りのバンドだけだった。

'80年当時、ロンドンは現在のようなコスモポリタン都市からはほど遠かった。パブは夜11時、クラブは2時には看板。それに引き換えアメリカでは夜通し楽しんでいることができた。フレディはそんな娯楽に飢えていた。車にしてもビルディングにしても街にしても、そして国の広さにしてもイギリスとは比べものにならない広大な国アメリカ。この国は「すべてが大きく、優れている」という古い言葉をまさに体現していると、フレディは信じていた。

ロンドンからの飛行機はファーストクラス。当時メンバーはファーストクラスを使い、その他クルーは別便のエコノミークラスに乗ることが普通だったが、今回クルーは最初の公演地となるバンクーバーへ直行していた。4人のメンバーはカナダ入りする前にロスでいったん落ちあうことになっていた。というのも彼らはみんなロスに慣れていたし、ナイトライフも充実して楽しめるからだった。'80年6月22日、私たちはロサンゼルスに到着した。以下、北米ツアーにおけるよしなしごとをダイアリーふうに列挙していくことにする。

6月22日−26日　ロサンゼルス滞在

フレディ、ポールそして私の3人はビバリーヒルズのサンタモニカ大通りの南、バートンウェイのホテル、ル・エルミタージュに滞在した。豪勢なホテルの屋上にはプールがあった。フレディのスイートは上下に分かれたメゾネット式で、私の部屋は階下の小さめだった。数年前、ロイヤル・バレエ団が公演を行ったシュライン・オーディトリウムの近くにある、南カリフォルニア大学のキャンパスのあたり以外、私はロスを歩いたことがなかった。ロスは無秩序に広がっている巨大な街で、どこかにあるはずのハリウッドの場所もどの辺なのか見当もつかなかった。

フレディは夜行性の生活を送っていたため、昼は遅くまで眠っていることが多かった。私は昼間その前の晩に彼や他のメンバーに頼まれた、たとえば誰かがはいているのを見て気に入ったジーンズを捜して歩いたり、誰かに勧められた飲み物を入手すべく買い出しに奔走した。ロス事情に明るいフレディが、買い物のリストを作って手渡してくれた。ここならではの品、たとえばボクシング・ブーツを何種類かとリーバイスのホワイト・ジーンズなどなど。ロンドンで手にはいるホワイト・ジーンズはどちらかというと真っ白ではなくクリーム色に近かった。

ツアーの北米担当プロモーター兼エージェントはハワード・ローズだった。どんなバンドでもマネージメントとは別に、ローズのように興行の日取りや時間、スケジュールを各会場のオーナーと交渉をする、独立したエージェントやプロモーターと協約を結んでいた。4人のバンド・メンバーがステージに立つこと自体に問題はなくとも、ショーの準備から終了までの流れに携わる100人以上もの関係者（バンド・クルーや公演当日に雇う人間、ステージや照明用器材を組むスタッフや技術者などなど）を含んだ問題が生じることもあったからだ。バンドに必要な備品は「付帯条項」として彼らと会場のプロモーターとの間でかわされる契約書の条件の中に加えられた。たとえば十分くつろげる椅子が置かれた楽屋、大きな姿見と最低でも20本以上のハンドタオルなどまで。食料に関しては開演前は冷たい肉類にサラダなど、終演後にはある程度温かい食事が用意された。カウンター式のビュッフェでは食欲をそそられるような食事を器の底からヒーターを当てて温かく保ってあった。飲み物に関してはシャンパンが4本、ウォッカが2本、ジャック・ダニエルが1本に、その他のスピリッツが数種類。ビールが2ケースにトニックウォーター、ミネラルウォーター、ミックスジュースなどのソフトドリンクなどが用意された。こうして飲食物や関係スタッフ、器材が準備完了し、いよいよツアー初日のバンクーバーへ。

6月30日　バンクーバー　PNEコロシアム

27日から3日間のリハーサルの後、30日にショーは幕を開けた。場数を踏みハードな仕事をこなせばツアーは間違いなく成功するはずだった。

7月1日　ワシントン州シアトル

2日　オレゴン州ポートランド

3日-4日　カリフォルニア州ロサンゼルス　（オフ）

ここで言う「オフ」とは、公演を行ったのと同じ街で1泊すること。「金をかっさらって移動するんじゃなくてね」そうフレディはよく言っていた。

5日　カリフォルニア州サンディエゴ

6日　アリゾナ州フェニックス

ツアーはほとんど続けざまの日程で行われた。ステージがはねれば、そのままリムジンへ乗りこんで空港へと向かい、ステージ衣装は飛行機の中で着替え。次の公演地のホテルにチェックインしてベッドに入るや熟睡。

7日-13日　ロサンゼルス　フォーラム

フレディはアメリカ人ならではの気質というか、温かさやフレンドリーなところを好んだ。なかでも大都市にいる時は余計にそう見えた。というのも、ロサンゼルスやニューヨークの街角には多くのスターがいたため、たいして好奇の目で見られることがなかったからだ。しかし逆に大都市でのライブは嫌いだった。観客の反応が地方都市に比べて鈍かったからだ。大都市には世界中のどんなバンド、エンターテイナーもやって来た。選択の多さに甘やかされている観客は、大きなライブに食傷気味なところがあった。

またロスやニューヨーク、ロンドンといった大都市での公演は、バンドにとっていつも以上のステージを見せなければというプレッシャーも加わる。ライブに来ている同業者たちを、グウの音も出ないぐらいに楽しませなければならなかったからだ。その晩のショーに誰が来ているかはメンバーの耳にも伝わっていた。同業者スターのスタッフが、私たちの場合だとツアー・マネージメントをしているジェリー・スティッケルスの会社GLSプロダクションや地元プロモーターのコネを通じてチケットを押さえていたからだ。フレディは、高音部でちょっとミスってしまえば、声が衰えて以前ほど歌えなくなってしまったという噂が広まってしまうと懸念していた。フレディはよくこう言っていた「パフォーマーの人気は、常に"いま"の出来によって決まるんだ」。

14日−15日　カリフォルニア州オークランド

16日−20日　ロサンゼルス　（オフ）

フレディはアメリカの流行音楽も大好きだった。特に気にいっていたのは様々なディスコ・クイーンたちの曲で、クイーンのアルバム《ホット・スペース》にもその影響は色濃く反映されている。彼は多くの時間をディスコやバーで、もちろん音楽のリサーチは抜きにして楽しく過ごした。

21日−8月4日　テキサス州ヒューストン（2週間のオフ）

同じ都市で複数回の公演が組まれている場合、セットリストは若干変更が加えられる。演奏曲のなかでフレディが特に好きだったのが〈ラヴ・オブ・マイ・ライフ〉。観客が一体となって曲に参加してくれること、そして歌声がこだまする客席の波間で揺れているライターの灯火を眺めると、何ともいえない感慨を抱くとのこと。どちらかといえばフレディはリラックスしてできる地方都市のほうが出来が良い。観客たちとの掛けあいも自然だからだろう。MCや観客とのやり取りに筋書きは用意されていない。バーブラ・ストライサンドやマイケル・ジャクソンなどとは違うのだ。クイーンのライブは毎回違う生ものだった。

8月5日　テネシー州メンフィス
　6日　ルイジアナ州バトンルージュ
　7日　ルイジアナ州ニューオーリンズ　（オフ）

ニューオーリンズはフレディのお気に入りの土地だった。街から受ける音楽的な影響、雰囲気も気にいっていたし、何と言っても24時間いつでも飲めるからだ。この街は本当に眠らない街、不夜城といっていい。私たちは一晩中バーの探検にいそしんだ。宿泊先はオールド・フレンチ・クォーターの中心部にあるロイヤル・オーリンズホテルで、日がな一日ニューオーリンズ・ジャズに囲まれているような環境だった。ポールから聞いたのだが、フレディは『スパルタカス・ガイド』という雑誌を指南書に、ゲイの人々が楽しめそうな店を選んでいるらしい。このガイドには世界中の街のバーのリストが載っており、そのアメリカ編は別冊になっていた。フレディは、このガイドブックの隅々に至るまで読み、愛用していた。

8日　オクラホマ州オクラホマシティ
9日　テキサス州ダラス
10日-11日　テキサス州ヒューストン
12日　ジョージア州アトランタ

アトランタでは公演前夜と当日の2泊したが、その1日目の夜のことだった。いつものようにフレディ、ポールと私の3人は車に乗りこみバーへと繰りだした。ポールはその晩早々にお楽しみの相手を見つけると、フレディの許しを得てデートのために先に店を出ることになった。彼はその時までフレディをひとり残して先にかえってしまうような真似はしたことがなかった。信用されて初めてフレディの世話を任された私の責任は重大だった。ポールは私にどこへ行ったらいいとか完璧なアドバイスに加えて「もし何か緊急なことが起きた時のために」とホテルの電話番号も残していってくれた。

フレディはそのまま店を変えずに飲むことにしたが、ポールがいなくなるといきなり酒の量が増えだした。彼は私のボスだし「もうすこし、ペースダウンしたら」などとは、とうてい言えるような感じではなかった。ホテルに帰ることになったのは、朝の4時だった。その時の彼ときたらほとんどまともに話ができないくらいにへベレケ状態だった。ホテルへたどり着いて、エレベーターでスイートへ向かっている間は、私の腕の中でほとんど崩れおちそうになっていた。

部屋につくと私はフレディの服を脱がせてベッドに寝かせたのだが、ここからが問題だった。彼はひどく酔いすぎて部屋がぐるぐる回って気分が悪いと言いだした。そして手洗いに行くためにベッドの角縁に手をかけ立ちあがろうとしたのだが、ベッドは円形だった。つかまろうとして縁を求めてベッドの上をグルグル回りつづけた彼はこらえきれず、とうとうベッドの周りはゲロだらけになってしまった。私はすっかり気が動転して言った「何てことだ！　初めてフレディの面倒を任されたのに、こんなことになるなんて！」。明け方だというのに私はあわててポールに電話をした。彼は電話の向こうで大笑いしながらこう言った「心配しなくていい。フレディは覚えちゃいないから」。私はできるだけ部屋をきれいにすると、ようやく眠った様子の彼を残し、そっと部屋を後にした。翌日の午後早く、私はフレディの部屋に呼びだされた。クビを覚悟して部屋に入っていくと、そこには朝食が用意されていた。オレンジジュースとトーストを取りながらフレディと私は前夜の話を笑い話にした。

13日　ノースキャロライナ州シャーロット

14日　ノースキャロライナ州グリーンズボロ

私たちは初めて高級ホテルチェーンとして有名なハワード・ジョンソンのホテルに泊まった。そのホテルは街一番の最高級ホテルと言ってよかった。バンド一行の部屋は最上階で、そこのフロアにエレベーターを停めるためには専用のキーが必要だった。到着してフレディが最初にしたのは紅茶をポットで注文することだった。およそ30分後、部屋に届けられたのは、ティー・バッグが4枚に紙コップ、水差しに入ったぬるいお湯だった。

15日　オフ

16日　サウスキャロライナ州チャールストン

ツアーに出ると、フレディは必ず家の猫たちに電話をしていた。ホテルに着くなり、私たちがスタフォード・テラスの自宅に電話を入れ、それからフレディがおもむろに猫たちに話しかけるのだ。電話の向こうではメアリーが2匹の飼い猫、トムとジェリーを小脇に抱えて受話器から聞こえてくる彼の声を聞かせた。ツアー先からかける愛猫たちへの電話はフレディの習慣だった。

同様に恋人のトニー・バスティンへもしょっちゅう電話していた。そのため、バスティン本人がフレディと過ごそうとアメリカにやって来た時も誰ひとり驚く者はいなかった。むしろ驚いたのは、やって来たとたんすぐにロンドンに送りかえされる羽目になったバスティンのほうだったかもしれない。

バスティンは最高級のカメラとレンズのセットなど様々な高価なプレゼントをフレディからもらっていたが、感謝するでもなく、むしろ贈り物は当然のことのような素振りだった。フレディがバスティンが自分を利用していることを知ったのは、フレディに好意を寄せている人物からの密告がきっかけだった。それによれば、バスティンはフレディより若くて細身の青年と密会しているとのことだった。フレディはそんなバスティンに復讐する意味も含め、イギリスの彼の元に朝早くから電話をしては、「旅費は持つし、空港に迎えも出すからアメリカにおいで」と誘いをかけていた。バスティンをホテルに呼びつけ、ふたりの関係に終止符を打ったらすぐさま飛行機でイギリスへと送りかえすつもりだったのだ。そしてアメリカにやってきたバスティンに「ツアーを終えてロンドンに戻るまでに身の回りのものを全部まとめてスタフォード・テラスから出ていくように」と告げた。ただしバスティンが連れてきたオスカーという名の猫とは別れがたかったため、「そのまま置いていくように」と付けくわえた。
フレディは、自らを食い物にするような輩の存在を必要悪としながらも受けいれてきた。その気になりさえすれば「やめろ」「もう十分だ」といつでも関係を終わらせることができたからだ。ただ信じきっていた人物に私的に利用されたり、信用をないがしろにされることに彼は心底傷ついた。そのためフレディは新しい友人を作ることを躊躇していた。フレディのような立場にいるスターにとっては宿命なのかもしれないが、彼は人生を通じて友人を失うことのほうが多かったかもしれない。

17日　インディアナ州インディアナポリス（オハイオ州シンシナティ説あり）
18日－19日　ニューヨーク滞在

フレディが「バイキング」ことソア・アーノルドに出会ったのは、ニューヨークに滞在していた時のことだった。出会ったのは私たちが行きつけにしていたスパイクかイーグル、もしくはアンヴィルといったクラブ。ソアは金髪で美形の大柄な男だった。気どりのない典型的なアメリカ人でマンハッタンのグリニッチ・ヴィレッジの近くで看護夫をしていた。フレディとソアはその晩すばらしい一夜を過ごした。フレディはそれがその夜限りの楽しみで、決していつまでも続くものではない関係として納得していた。ツアーの一夜などそんなものだ。関係を続けていきたいと思っても、行く先々で出会った人々とずっと連絡を取りあうことなど不可能に近いし、より友情を深めていきたいと願ってもなかなかそれは難しいものだ。

8月20日　コネチカット州ハートフォード
21日　ニューヨーク　（オフ）
22日　ペンシルヴァニア州フィラデルフィア

フィラデルフィアに滞在していた22日の午後まだ早い時間、フレディのスイートルームをノックする者がいた。私がドアを開けるとそこに立っていたのはなんとソアだった。私は目を疑った。彼はフレディに近づくと「僕らの友情をこのまま終わらせたくないんだ」と告げた。一夜の相手がショーの直前に彼の許しもなく部屋にやって来たことなど今までなかったし、何よりソアが自力で居場所を突きとめたことにフレディは大変驚いた様子だった。と同時に、感激しているふうでもあった。ソアはライブが終わるとニューヨークに帰っていったが、こうしてフレディが生涯を通じて育むことになるソアとの友情が始まった。ソアは、フレディにマンハッタンに住む3人の友人たちを紹介した。リー・ノーラン、ジョー・スカディリ、ジョン・マーフィー。フレディ、ポールそして私はニューヨークに行くたびに連れ立って遊びに行く仲間となった。フレディはニューヨークに住む4人の友人たちを親しみを込めて「ニューヨークの娘たち」と呼んだ。

翌'81年のチャールズ皇太子とダイアナ・スペンサー嬢の結婚式をテレビで観ていた時のことだった。フレディが英国王室フリークであることが分かった。私たちと「ニューヨークの娘たち」はバークシャー・パレス・ホテルの彼のスイートルームに集合していた。朝食には豪勢なルームサービスを注文して、皇太子と皇太子妃がセント・ポール寺院から出てきたら乾杯することになっていた。フレディはダイアナ妃のウェディングドレスから列席者のおかしなファッションをやり玉にした私たちのジョークに涙を浮かべて笑っていた。仏頂面をして祭服室に消えていった王室の人々が再び姿を現すや、打って変わって笑顔を振りまき活発におしゃべりを始めたのを観て、きっとコカインでもやりに行ったんだろうとわれわれは推理して盛りあがった。ちなみに、その後フレディはロイヤル・オペラハウスのガラ・ナイト後のパーティでアンドリュー王子と歓談したことがある。

8月23日　メリーランド州ボルチモア
24日　ペンシルヴァニア州ピッツバーグ
25日　オフ

26日　ロード・アイランド州プロヴィデンス
27日　メイン州ポートランド
これらのショーにはニューヨークで拠点としていたウォルドフ・アストリア・タワーから通った。
8月28日　オフ（移動日）
29日　カナダ・ケベック州モントリオール
30日　トロント
31日−9月9日　ニューヨークに滞在
トニー・バスティンとの別離以来、フレディにステディな関係の相手は現れなかった。とはいえ、「ニューヨークの娘たち」など一緒に遊びまわれる新しい友人ができたので、彼はニューヨークに滞在することにした。結婚して子供もいた他のメンバーたちはロンドンの家族の元へ帰りたかったかもしれないが、フレディはツアーに専念して、定期的な愛猫への電話以外は特にロンドンに連絡を取ることもなかった。
9月10日　ウィスコンシン州ミルウォーキー

11日　オフ（移動日）
12日　カンザス州カンザスシティ（なし）
13日　ネブラスカ州オマハ
14日　ミネソタ州ミネアポリス
15日　オフ（移動日）
16日　アイオワ州エーメス（ミズーリ州カンサス・シティ）
17日　ミズーリ州セントルイス
18日　オフ（移動日）
19日　イリノイ州シカゴ
20日　ミシガン州デトロイト
21日　オハイオ州クリーヴランド

クリーヴランドでフレディが宿泊した部屋は、その少し前にツアー中のベッド・ミドラーも滞在したスイートだった。そのスイートは、パステルなライムグリーンを基調にした部屋で、部屋に置かれていたピアノまで同じ色で統一されていた。おまけに平らな面のいたるところにレースが掛けられていた。微笑ましくなるような野暮さだった。

22日　オフ（移動日）
23日　コネチカット州ニューヘイブン
24日　ニューヨーク州シラキュース
25日　オフ（移動日）
26日　マサチューセッツ州ボストン
27日　オフ（移動日）
28日－30日（9／28・29、10／1）　ニューヨーク　マジソン・スクエア・ガーデン（MSG）

当時、バックステージには余興として女性泥レスラーの一団が呼ばれることも少なくなかったが、MSGのように大きな規模のライブの時には、3人のメンバーはよく家族を招いていた。クリッシー・メイ、ドミニク・テイラーと私は、ライブの間中、コーラスパートをずーっと声が枯れるまで歌ったりしながら観ていた。終演後、ドミニクがガラガラ声の原因をフレディに言うと、彼はいつも大爆笑していた。フレディはドミニクととても仲がよかった。やがてロジャーが彼女と別れてデビー・レングと暮らすようになってからも、フレディとドミニクの友情は変わらなかった。フレディは他のメンバーの家庭の問題に口を挟んだり、それで彼らを裁いたりするような真似は一切しなかった。

10月1日　ロンドンへ戻る

北米ツアーを無事終えたものの、驚いたことに大した収益は上がっていなかった。スタジアム級のツアー時代が到来するまで、ツアー活動というのはレコードの販売促進の大規模で手のこんだ宣伝キャンペーンに他ならなかった。普通、ライブでは観客が聴きたがる往年のヒット曲に最新アルバムの何曲かをちりばめてセットリストは構成される。もちろんサポート・アクト（前座）もツアー戦略の一部だ。バンドもしくはそのレコード会社が金を払ってショーの幕開けの役目を買いとるわけだ。フレディとクイーンはそんな定説を打ちゃぶる活動形態を行った先駆者的存在だった。後年フレディが《Mr.バッド・ガイ》と《バルセロナ》を発売した時、彼はソロ・アーティストとしてこれらの宣伝のためにツアーをするようなことはなかったし、クイーンが《ザ・ミラクル》をリリースした時もツアーは行わなかった。にもかかわらずアルバムは世界中でゴールドディスクを獲得するなど大ヒットした。アルバム・セールスのカギを握るのはあくまでも音楽のクオリティーなのだということを実践してみせた。

欧州ツアー

アルバム《ザ・ゲーム》のヨーロッパ・ツアーは11月17日、スイスはチューリッヒでのリハーサルからスタートした。

11月23日　チューリッヒ　ハレンスタディオン

今回のツアーの前座に選ばれたのは、イギリスのバンド、ストレイト・エイトだった。前座のバンド決定にあたって最後まで彼らと競っていたのが、同じくＥＭＩレコード所属のデュラン・デュランというバーミンガム出身の新人バンドだった。ストレイト・エイトに決定した理由は、彼らのほうがクイーンと張りあうようなバンドではなかったということ、もしくは単純にデュラン・デュランよりも良いバンドだったからだろう。

24日　オフ
25日　パリ

26日　ケルン
27日　ライデン　グレノールドハレン
ライデンに泊まることはなかった。ケルン公演終了後、私たちはアムステルダムのホテルにチェックインした。充実したナイトライフを過ごすためだ。アムステルダムからライデンへは車で入り、またショーの後にはアムステルダムに戻った。

28日　オフ
29日　エッセン
30日　ベルリン

フレディが他人にドラッグを強要するようなことは1度たりともなかった。クイーンと仕事をするようになってから1年ほど経っていたが、私が初めてコカインを体験したのはベルリンのホテル・ケンピンスキのフレディのスイートルームでのことだった。目の前に星がきらめくわけでも、幸せいっぱいな気分になるわけでもなく、特に何の変化もなかった。ツアーにおける鉄則はドラッグを所持したまま国境を越えないこと。もしどうしても必要なら、入国してから買うことだ。ただしたくさん買いこみすぎないように。次の国へ行く前にトイレに流して捨てる羽目になったり、他人に押しつけることになるからだ。

12月1日　ブレーメン
2日－4日　オフ（たしかロンドンへ戻った）
5日－6日　バーミンガム　NEC
7日　オフ
8日－10日　ロンドン　ウェンブリー・アリーナ

8日23時、ジョン・レノンが射殺された。翌日のサウンドチェックの時、クイーンのメンバーはレノンを追悼して〈イマジン〉を演奏することを決めた。

11日　オフ
12日－13日　ブリュッセル

フレディは1日中ショッピングに出かけていた。というのもアール・ヌーボーやアール・デコの家具が高級アンティーク・ショップに売りに出ていたからだ。彼が購入したのはマジョレルのシャンデリアとキャビネット。キャビネットは自分で使っていたが、シャンデリアは後に恋人ジム・ハットンに譲った。

14日　フランクフルト
15日-17日　オフ
18日　ミュンヘン

フレディはミュンヘンがその後の彼にとって大事な街になることを予想もしていなかった。この時はステージを終えた翌日にはすぐミュンヘンを出発してしまった。

19日　クリスマス休暇のためロンドンに戻る

イギリスに戻り、前回のツアーが終了した時と同様、私は契約満了となった。そこで改めて給料は今の半分になるが、クイーンのファンクラブ活動を手伝わないかと誘われた。事務所はサセックス・プレースのベイカーストリートを外れたところにあった。バンドの経理係はバーバラ・サボーというイギリス人女性だった。ポールも、いくぶん窮屈なこの事務所でファンクラブの仕事などをしていた。ファンクラブはアマンダとトニーによって運営されていた（彼らの前はパットとスー・ジョンソン、その後はテレサとフィオナ・ケネディ姉妹が運営した）。私が最初に手伝ったのはTシヤツや、スカーフ、バッジといったグッズの箱詰め発送だった。

日本、南米へ

翌'81年の2月、バンドは「ザ・ゲーム」ツアーを続けることになった。私は再びツアーに同行するよう依頼され、ツアーの最初の目的地、日本へ帯同することになった。そしてその後南米に飛びアルゼンチン、ブラジル、ベネズエラで公演をすることになっていた。

2月8日
私たちは日本へと向かった。日本ではライブのほか、映画『フラッシュ・ゴードン』のプレミア試写会にもゲストとして出席した。試写会場には5台の車で乗りつけた。私たちは居並ぶVIPを紹介されたが、その中に旧知の仲だという渡辺美佐氏（渡辺プロダクション会長）の顔を見つけたことがフレディをひと安心させた。私たちは指定された席に案内されたが、上映中ずっとおとなしく座ったままで我慢しなければならなかったのは、フレディにとって大変な苦痛だったに違いない。

2月12日、13日、16日、17日、18日　東京　日本武道館

ゲイリー・ニューマンが最初の3回、ステージを観にきたので、一緒に高級レストランへディナーに出かけた。だが店に着くなりゲイリーは付き人のひとりをマクドナルドにやって、自分用にハンバーガーを買ってこさせた。フレディは何とも困惑した様子だった。

ツアーを終えた20日、私たちは次の目的地ブエノスアイレスに向かうため、成田空港へ向かった。中継点のニューヨークへフレディと同行したのはポールと私だった。私はファーストクラスの座席の配置がいつもと違うことに気づいたが黙っていた。席につくと、フレディがこう尋ねた「この飛行機、どこのなんだろう?」。私はおおよそ察しはついていたが、緊急用の手引きを手にとった。そこには飛行機がDC10型機であることが記されていた。それを見るなり、フレディは「DCなんて縁起が悪い!」と叫んだ。DC機が巻きこまれた大きな飛行機事故がちょうど2件続けて起きたばかりだったからだ。フレディは自分の手荷物を引っつかむと客室乗務員に「僕はこの飛行機には乗らないからね」と告げて、ポールと私を従えると飛行機からターミナルへとスタスタ引きかえしてしまった。荷物はしばらくしてラウンジにいた私たちの元に戻ってきたが、すでに詰めこまれていた荷物を回収したため、その飛行機は離陸するのに1時間ほど遅れてしまった。14時間後に出発する次のボーイング747がパンナム機だったので乗ることにしたが、ファーストクラスもビジネスクラ

スも満席で、エコノミークラスしか空いていなかった。フレディは「それでもいい」と言って聞かなかった。よほどDC機が嫌だったのだろう。14時間後にはビザの期限が切れて無効になってしまうため、私たちは空港内にいなければならなかった。出国ラウンジに残っている間は、バーを基点に買い物三昧して時間を潰した。フレディはきれいな真珠のネックレスを母親のお土産に買っていた。14時間後、私たちは本当にエコノミークラスに乗ってニューヨークまで飛んだ。もともと後発でその便を予約していたクルーたちは、自分たちと一緒に窮屈なエコノミーの座席に詰めこまれたフレディの姿を見て全員目を丸くしていた。ニューヨークに到着するとブエノスアイレス行きの便に乗りかえ、そこからはファーストクラスに移動した。

クイーンは南米諸国でスタジアム級の公演を行う初の世界的にメジャーなロックバンドだった。空港では政府の役人が出迎え、バンド一行の移動手続きが簡単に済まされるようにとパスポートは回収された。パスポートはホテルで返されたが、私は荷物の管理があったので空港をなかなか離れるわけにはいかなかった。フレディは政府主催のレセプション・パーティでもてなされるという特権こそ楽しんだが、政治家たちと個人的に付きあったりすることは好まなかった。フレディはジョンと一緒の席について、手にしたタバコで緊張をほぐしているかのように、また何かをあらわすかのようにもてあそんでいた。おしゃべりをしていたブライアンやロジャーに時たま合いの手を入れるだけで、なかなか話をしたがらなかった。フレディは自分が会話に加わることを期待されていることは分かっていたものの、できるかぎり控えるようにしていた。
ブエノスアイレスは、川に近いためむしむしして暑かった。シェラトン・ホテルは市内の中心に位置しているにもかかわらず緑が多く、幅広の大通りに並ぶ高級な店はパリ市内を彷彿とさせた。今回フレディは、ピーター・モーガンという新しい恋人を呼びよせていた。彼は元ミスターUKで「チャンピオン・モーガン」として知られていたが、やがて自ら出演したホモ・ビデオで一躍悪名をとどろかせることになる。フレディとの関係は数ヶ月間続いた。

2月28日　ベレス・サーフィールド・スタジアム
「グラットンズ・フォー・パニッシュメント・ツアー」初日。フレディの気がかりは会場の大きさだった。北半球一のビッグバンドの初南米公演ということで、観客たちが興奮のあまり暴徒化して手のつけられない状態になってしまうのではないかという懸念があったからだった。それまでクイーンが最多の観客を集めたのは'76年のロンドン、ハイドパークでのライブだった。フレディは3日間で延べ47万9千人も見込まれていた巨大な会場のステージで、それに適したまったく新しいパフォーマンスを作りあげなければならなかった。ペース配分が大事なことは分かっていても、それがどんなパフォーマンスで、どれくらいのペースで進めたら良いのかバンドにとっては未知の領域だった。世界中からマスコミが集まってきていたが、フレディは過熱気味のマスコミを嫌っていた。結局は彼らを満足させるようなパフォーマンスをせざるを得なくなってしまうからだ。

心配したのがうそのように、ステージは最高に素晴らしいものになった。フレディは自身の出来はもちろん、会場を埋めつくしたファンの反応にとても感動し大いに満足した。大観衆の歌声がこだました〈ラヴ・オブ・マイ・ライフ〉に彼は言葉を失い、ショーが終わっても興奮と感動に浸っていた。が、それもつかの間、メンバー4人は警察の護送車の後ろに乗りこんでスタジアムから出ることになった。彼らとジム・ビーチ、ポールと警備員何人かが乗りこんだ車がパトカー5台と白バイ20台ほどに先導されて会場を出て、残りのクルーが別の車でその後に続いた。サイレンと興奮したファンの悲鳴が響きわたるなかを隊列は爆走し、高速道路に沿ったくねくね曲がったルートを走りぬけた。先導のバイクがファンを振りきったことを確認した地点で護送車は停車し、4人のメンバーはそれぞれ1台ずつのリムジンに移動してホテルへと向かった。フレディにしてみればちょっと興ざめの感もあったが仕方なかった。

翌日のステージ終演後、観客たちは前日以上に大興奮して収拾がつかなくなった。というのも2日目のステージにはクイーンのメンバーたちに加え、アルゼンチンの誇る若きサッカーヒーロー、ディエゴ・マラドーナが登場したからだ。スポーツに疎いフレディでさえ熱狂的に迎えられるマラドーナとシャツを交換することの重要性はおぼろげに分かっていただろうが、実のところマラドーナがどれほどのスーパースターであるのかは理解していない様子だった。どうしてサッカー選手がステージに呼びだされたのか、首を傾げていたくらいだから。

南米に滞在している間フレディは、安全面からいっても楽しみのひとつである買い物をあきらめざるを得なかった。マール・デル・プラダに滞在したその日、フレディがモーガンに「一緒に部屋で過ごそう」と誘うと、モーガンは「少しばかり散歩に出かけてくる」と言って外に出ていってしまった。手持ちぶさたになったフレディは何気に窓の外を眺めていたのだが、その時モーガンがビーチに沿った遊歩道を自分の知らない若い男と一緒に歩いているのを発見した。その素振りからただならないものを感じたフレディは、帰ってきたモーガンを問いつめた。フレディが見切りをつけたのはモーガンが「遊歩道なんか行ってない」としらばっくれたからだ。

恋人が若くてかわいい男に浮気して自分を裏切るというパターンは、フレディについてまわる呪いのようなものだった。あのトニー・バスティンにしても私の知り合いだった若い美形の男と会っていたらしい。モーガンは次の便でロンドンに戻り、再びナイトクラブ、ヘヴンでの用心棒の職に逆戻りした。もう少しモーガンに思いやりでもあればよかったのではと思ったが、フレディが南米で想像力を渇望していた時期に上手いタイミングでボロを出してくれたことが彼のせめてもの思いやりだったのかもしれない。

恋人とまたしても感情的なもつれから破局を迎えてしまったフレディだが、彼の創作活動は感情的なバランスを失うと輝きを増すようなところがあった。まるで彼が自らの創造の泉を溢れさせんがために、情熱の波を必要としているようにさえ見えた。ツアーや曲の創作活動に集中している時など、彼はあえて他人との関係を終わらせたり、逆にドラマティックな方向にもっていこうと口論をふっかけたりすることがしばしばあった。諍いを生じさせて心に葛藤を抱えることは、むしろフレディというクリエイターにとっては必要不可欠なことだったのかもしれない。彼は痛みから生まれた天才として長い道のりを歩んできた。怒りは才能ある者を前進させるための厳しい試練であり、創作活動を進めるための燃料だ。たとえばベートーベンだって元々素晴らしい作曲家ではあったが、いわゆる傑作と評価される名曲が生まれたのは耳が聞こえなくなってからだった。

アルゼンチンでの公演を終え、われわれはブラジルのリオへ向かった。フレディはここでも大歓迎で迎えられた。私たちは11日間リオのシェラトン・ホテルに滞在した。だが私たちは世界で最もエキサイティングな街のひとつにいたにもかかわらず、何もパワフルなことを出来ずにいた。というのもサッカーの殿堂マラカナン・スタジアムで行われる予定だった公演が法規制のためキャンセルになったからだ。

サンパウロではモルンビ・スタジアムで2回の公演が組まれていた。3月20日、21日の2日間の総観客数は25万人以上。その観客たちの素晴らしかったこと。フレディはそれまでとなんら変わることなく観客に応えていたが、ショーが終わって数時間経っても興奮冷めやらぬ様子だった。こうして南米ツアーの第1弾は成功のうちに終了した。そして、南米第2弾はその年の後半から組まれた。

9月15日「グラットンズ・ツアー」の再開に備え、バンドはニューオリンズでリハーサルを行った。21日、私たちはベネズエラ入りしたがカラカスのポリエドロ・デ・カラカスで5回予定されていた公演は、ベタンクール大統領の逝去によって9月25日、26日、27日の3日間だけしか行われなかった。国中が喪に服し行政機関が閉鎖される前にパスポートを手元に戻してもらう必要があった。メキシコのモンテレイ、エスタディオン・ウニベルシターノで公演を行ったのは10月9日のことだった。11日はオフでアメリカに出かけたものの、10月16日、17日の2日間は歴史の街プエブラのエスタディオン・クアテルモックでの公演があったためメキシコへ戻った。メキシコ公演の際に参ったのは、観客たちが乾電池や金属のボルトなどのゴミをステージのメンバーめがけて投げつけてきたことだった。私はその時飛んできた金属製のボルトを今も持っているが、フレディは南米ツアーの模様を記録した「クイーン／グラットンズ・フォー・パニッシュメント・ツアー」の中で悲しそうな顔で写真に収まっている。特にファンが何かに腹を立てていたという記憶はない。おそらく、それらの「ミサイル攻撃」は彼らの一風変わった歓迎の表現ではなかったのだろうか。

私たちはそれからカナダへ向かい、モントリオールの2つの屋内会場でライブを行った。それはセル・ビデオ『ウイ・ウィル・ロック・ユー』収録用に特別にあつらえたステージだった。撮影の費用はアメリカよりもカナダのほうが安く上がった。当時、セル・ビデオを専門とした製作会社は、まだしっかり確立されていなかった。この種のコンサート・フィルムの企画ものを手がけたのはクイーンが最初だった。

ツアー回想記

ここからは'82年以降、記憶に残っているいくつかのハイライトなど思いつくことを記していくことにしよう。

'82年の4月16日と17日、チューリッヒはハレンスタディオンで公演を行った。メンバーはドルダー・グランドという湖畔にある大変豪勢なホテルに滞在し、私たちクルーはもう少し会場に近いちょっと控えめではあったがやはり上等なホテルに泊まった。

22日と23日、ブリュッセルではスプリンターのカール・ルイスが同じホテルに泊まっていた。エレベーターで彼と相乗りになったフレディは大興奮し、スイートルームにつくなり「目が合って挨拶を交わしたよ！」と言ってはしゃいだ。フレディがスポーツ選手に興味を持っていたとはその時まで誰も知らなかった。

24日のライデンでの公演の後は、すぐ近くにアムステルダムという魅惑の街があったわけで、人里離れた小さな町にこもっていられるはずがなかった。私たちはホテルに戻らなくてもいいようにフレディの外出着を用意しておき、グレノールドハレンでの公演後、自由の街アムステルダムのバーへと繰りだした。

5月9日は、ドイツの古都ビュルツブルクでの公演。パイド・パイパーが前座を務めたビュルツブルクはハメルーンの近くにあるとてもかわいらしい街だ。典型的なドイツの童話に出てきそうな街で、フレディのお気に入りの街のひとつになった。そこでフレディが不意に「散髪がしたい」と言いだしたため、ロンドン郊外にあるボーシャン・パレスの美容室スウィーニーから人気の美容師デニーを呼びよせた。デニーは4、5日、私たちと一緒に行動を共にした。世界で1、2を争う高給取りの美容師だけあってそのホテル代も決して安くはなかったが、それでもフレディは彼の仕事にとても満足していた。礼儀正しい美容師ならその依頼主の気持ちをすぐにくみ取ってくれるものだ。誰かに「おや、ずいぶんと頭が薄くなったんじゃないかい?」と言われた時、かなりムッとしたフレディがこう言いかえしたことがあった。「違うさ、僕は元々つむじがふたつあるんだ!」。彼がまだ髪を長めにしていた頃には、くせ毛にてこずっていたものだ。ビデオの撮影の時には、髪型にずいぶんと気をつかって、ヘアメイク担当者を片時も離さなかった。彼がショート・ヘアにしたのはやっかいなくせ毛とオサラバするためだった。そして後年ジム・ハットンに出会ってからは、家で散髪させるほど信頼していた。

ウィーンで滞在したのはオペラ座の近くの驚くほど大きく、まるでパリの老貴婦人を思わせるような気品を湛えたホテルだった。シュタッドホールでの公演。いつもバンドは写真撮影に対してライブの最初の2曲までと規制していた。というのも、ステージ近くに陣取るカメラマンに対するパフォーマンスは、観客を無視することになるからだ。今回は、他公演同様に全ステージをフィルムに収められた。開演前そしてショーの最中、撮影隊からなんら指示されることなくフレディはいつも通りにパフォーマンスすればよかった。

6月5日はミルトン・キーンズ・ボウルでの大規模な公演が予定されていた。当時フレディがつき合っていたのはニューヨークのバーで知りあったビル・リード。彼はニュージャージー生まれで背丈はそれほどなかったが、がっしりした体で無骨な印象を与える男だった。フレディの男関係の中でこのリードとほど激しく、時に暴力的ですらあった関係も私の知るかぎりない。ショーの前日、スタフォード・テラスでのことだ。些細なことが理由で、フレディとリードが口喧嘩をはじめた。周囲の者はふたりが大声で叫んだり怒鳴りあっているのに慣れっこになっていた。雲行きが怪しくなりそうな気配を察知したら、誰かがとめに入るのが常だった。しかし、その日は気づくのが遅かった。すでにリードはフレディの親指と人差し指の間に噛みついた後だったのだ。傷口の歯形から血をにじませて痛みに身をよじっていたにもかかわらず、フレディは何も咎めようとはしなかった。

ミルトン・キーンズでの公演はクイーンが行ってきた全英ツアーの中でもかなり大規模なものだった。噛みつかれた痛みも、自分の最高のパフォーマンスを引きだすために必要なものだったのかもしれない。怒りを抱いて歌うために。フレディは大きな舞台になればなるほど呼応するような痛み、時には肉体的な痛みを欲しているふしがあった。それは幸いなことに毎回というわけではなかったが。

会場へは、ウェストランドからヘリコプターを使って入った。会場周辺の交通渋滞の状況がひどかったため、メンバーが時間通り確実に会場入りできるのはヘリでの移動しかなかったからだ。ウェストランドのヘリポートに向かう間の車中、フレディとリードの間には重苦しい沈黙が流れていた。10人乗りのヘリに同乗したのはメンバー4人の他ポールと私、数人の警備員とリード。30分間のフライトの間に、フレディとリードの気まずさもいつしか消えてしまったようだった。

このステージもまた一種の「金をかっさらって逃げる」ステージだった。メンバーは演奏が終わってガウンやタオルを肩にかけたまま、200ヤード以上もの道を走って、エンジンをかけて待機しているヘリに乗りこんだ。耳をつんざくような喝采と目もくらむような眩しい光の中から舞いあがると、その下方に広がるのはまるで暗闇の海の中に光の島が浮かびあがっているような光景だった。

夜間のロンドン市街の飛行規制条例のため、私たちのヘリはヒースローへ着陸した。フレディはスタフォード・テラスの自宅へ一旦戻って、ボンド・ストリートにあるエンバシー・クラブで開かれるパーティのために身支度を整えた。フレディがパーティで楽しそうにしているのとは反対に、リードは部屋の片隅でむっつりしていた。リードは自分がフレディの陰に隠れて、輪の中心から外れるような立場になると決まって不機嫌になった。やがてサポートで登場したバンドなどゲストの人間たちも次々にやってきた。ゲストの多くは雰囲気にくつろいで、中にはパンツやサスペンダー姿になる者もいた。

ミルトン・キーンズの興奮が冷めやらぬうちに「ロックン・アメリカ・ツアー」が開始された。

前座を務めたのはビリー・スクワイア。出会いは偶然といってよかったが、ビリーはナイスガイで、フレディとは互いにアーティストとして尊敬しあっていた。フレディもビリーの曲を気にいっていたため、彼から新アルバムへの参加を頼まれた時には心から喜んでいた。

当時、ツアー用に使う予定だった飛行機の整備が間にあわなかったため、代わりにエルヴィス・プレスリー財団所有のリサ・マリー号を借りたことがあった。私たちは喜んでこのプライベート・ジェット機を数週間ほど使わせてもらった。フレディにとってはまるでプレスリーに会ったような、まさに長年の夢が叶ったような様子だった。その後しばらくして彼はリサ・マリー本人から偉大な父親の形見のスカーフを贈られた。

7月27日、28日のニューヨークでの公演が控えていた。フレディはニューヨーク行きを楽しみにしていたが、大都市での公演には相変わらず乗り気ではなかった。大都市の観客たちを喜ばせるのは、いっそう難しくなってきていたからだ。

ニューヨークのソブリン・ビルにあるフレディの部屋はレコーディングやツアー、そしてプライベートでアメリカにきた時の拠点だった。クイーンの他の3人のメンバーたちはみんなロスに家を持っていたが、フレディだけはニューヨークだった。ロスの街の「フィーリング」に馴染めなかったからだ。倒れそうなほどのんびりしすぎていて、倒れそうになったら余計に踏んばってしまうところのあるフレディの性分には適していなかった。

当初ニューヨークに滞在する時はいつもホテルを使っていた。ウォルドーフ・アストリアをはじめ、東52番街のパークシャー・ホテルやヘルムゼイ・パレスなど。しかしホテル代があまりにかさむことから、マネージャーのジム・ビーチや会計士ジョン・リブソンとの話し合いの結果、部屋でも買ったほうがいいのではということになった。それらのホテルはほとんど一泊千ドルはしたし、泊まるのはフレディと私だけだったからだ。ホテル暮らしだと食事はルームサービスだったが、ロンドンにあるインド料理屋シェザンのニューヨーク支店や西50番地にあるチャイニーズレストラン、パールもお気に入りだった。パールは自分が食べたチャイニーズで一番旨い店だとフレディは言っていた。イースト・ヴィレッジの有名人御用達の店ジョアンナやウェスト・エンドにあったクライドにもよく通ったし、クリストファー・ストリートのバーも近くて便利な店だった。

初めてニューヨークに家を持つことになったフレディに、いろいろ甲斐甲斐しく世話してくれたのがジェリー・スティッケルスの妻シルヴィアだった。彼女は様々なエリアの100戸近くものアパートを調べてくれ、それらの物件の25件に私は足を運び、うち約10件にはフレディ自身も同行した。その中に1番街とサットン・パレスの間の425東58丁目の巨大な48階建てのソブリン・ビルがあった。ビルのオーナーはグレーという名の議員で、フレディはその未亡人から43階の部屋を買いとった。

その名の通り部屋の内装はグレーが基調になっており、4つの寝室に5つのバスルーム、そして書斎といった造りになっていた。特に書斎はいかにも男性的なスーツ地のようなグレーのピン・ストライプの内装だった。メインは鏡張りでクローゼットのついた寝室だった。ダイニングルームはシルバー・グレーのサテンで覆われていた。部屋そのものはロンドンのスタフォード・テラスのふた部屋分ぐらいの広さで、居間とダイニングルームが大きなひと部屋に収まっていた。部屋もさることながらフレディのお眼鏡に適ったのはその管理面だった。ビルには常時ドアマンやコンシェルジュ、警備員が待機しており、安全面の心配は問題がないように思えた。ニューヨークは街頭での安全面がよく取りあげられていたが、ジョン・レノンが撃たれたように住居付近のセキュリティの重要性をフレディは感じていた。とはいえ、街中を歩くことに関してフレディは心配していない様子だったが。

　レノンの訃報からまもなくして、公演中にクイーンのメンバーを暗殺するというような脅迫状が届いたことがあった。またロンドンでビデオを撮影していた時には、バンドの個々のメンバーに警備員が配置されもした。フレディの住んでいたスタフォード・テラスに本庁の命を受けた警官がふたり護衛にやってきたが、帰宅したフレディは彼らを見るなり驚きながらも「いいかい、ヤクの入った引き出しは向こうなんだ」というようなアブナいジョークを飛ばすことも忘れなかった。しばらくして分かったことだがケンジントン警察署はフレディがどこで何をしていたのかなど、細かな動向を把握していたらしい。たとえば週にどれくらいアールズ・コート・ロードのコパカバーナ・クラブへ出かけていたかというようなことはすべて調べられていたそうだ。もしかしたら警察はイギリス中の有名人に見張りをつけていたのかもしれない。

フレディがソブリン・ビルに部屋を決めた最大の理由は眺めの良さだった。彼の自慢は部屋から7つの橋が望めるということだった。北側はバルコニーになっており、サイモン&ガーファンクルの曲で有名な59番街橋を見下ろせたし、天気の良い日にはベラザーノ=ナローズ橋が見えた。ブルックリン橋の建設100周年記念の式典が催された際、私たちは部屋からの光景とテレビの映像を見比べていたのだが、フレディは大はしゃぎしていた。彼の好きなクライスラーやエンパイア・ステートビルやワールド・トレードセンターのツイン・タワーもよく見えた。エンパイア・ステートビルはたとえばセント・パトリックデイならグリーンに、独立記念日なら赤・白・青のトリコロールカラーといった具合にライトアップされていた。

8月9日のニュージャージー州メドゥランズのブレンドン・バーン・コロシアムでの公演のチケットは当地出身のリードにも少々分け与えられた。彼が招待する友人たちに対抗するかのように、フレディはニューヨークからソア・アーノルドと仲間たち20人ほどを招いた。

8月20日は、フレディのお気に入りになりつつあったヒューストンの公演。ソアがいつも訪ねてきていろいろな場所を案内してくれたし、フレディもまた時間の許すかぎり彼と一緒に出歩いた。ヒューストンにはフレディの大好きな楽しみがたくさんあった。

8月28日、カンザスシティ、ケンパーで泊まったホテルは船のような造りだった。湾曲した建物の外側にガラス張りの透明なエレベーターが設置されていた。地元のバーにあまり期待がもてそうにない土地では、フレディはいつも即興のパーティをホテルの自分の部屋で開いたりした。カンザスシティでもホテルの一番大きなスイートルームでバンドやクルーたち、そしてその晩バックステージ・パスを手にいれた男女のためにパーティが催された。かわいそうなビリー・スクワイアはリードにつかまって、まともな人間ならとても聞いていられそうにない話につき合わされていた。リードがその晩、ビリーを狙っているのは傍目にも露骨に明らかだったが、天真爛漫で陽気なビリーは決してそんな誘いには乗らなかった。メインルームでは、ロードクルーの何人かが各々の連れと着替えをしていた。バカデカいジーンズとTシャツ姿の女性たちの脇では、黒いミニのドレスにハイヒールをはいたクルーが大きなテーブルの上で踊りまくっていた。すべてはツアーならではの余興だった。

9月4日、バンクーバー。フレディは「ニューヨークの娘たち」を呼んでもてなした。フレディはその日の午後、リードとは過ごさずホテルの自室でティー・パーティを楽しんでいた。バンクーバーは北米の中でも最もイギリス的な雰囲気を醸す場所だ。アールグレイの紅茶にキュウリのサンドイッチ、中にジャムを挟んだビクトリア・スポンジケーキがそろえばなおのことだった。ティー・パーティに飽きた後はお決まりのコースで、シャンパン6本とストリーチナヤ・ウォッカのボトルを2本ルームサービスで注文した。

PNEコロシアムでの公演の後は市内のバーへと繰りだした。ホテルでもそれなりに楽しく過ごしていたが、好奇心旺盛なフレディの口癖はいつも「角の向こうには、もっと面白いことがあるかもしれない」だった。しばらく外で過ごした後ホテルに戻り、ソアたち4人はそれぞれ自分の部屋に、私はスイートの客間の寝室へ、フレディはリードと自分の寝室へ向かった。突然ガラスの割れるような音がしたのはそれから1、2時間してからのことだった。私は寝ぼけ眼で何が起きたのか分からないでいたのだが、続けざまに部屋の扉がドンドン叩かれ、外からフレディが「中に入れてくれ、早く!」と叫ぶのが聞こえた。ドアを開けると彼は「僕は今夜、ここで寝かせてもらうよ」と言って中に入ってきた。私は不審に思って「何があったんだい?」と尋ねたが、フレディは「心配しなくていい。明日ちゃんと話すから」と話したきり、まもなく眠ってしまった。翌日、私が裸足のままで居間の様子を見に行こうとすると彼は開口一番「何かはいていったほうがいい。気をつけて。見れば分かるよ」と言った。ドアを開けると左手のしっくいの壁には生々しい大きな穴があき、床一面にシャンパンやらウォッカのビンやグラスが粉々に砕けちっていた。それはリードの仕業だった。現場を見た誰もがその光景を見て呆然とした。そしてフレディに「早くあの男と別れたほうがいい」と口々に忠告した。しかし、フレディはリードを追いださなかった。当のリードはというと何事もなかったように振るまっていたし、フレディも嫌々我慢しているふうでもなかった。フレディは激しい愛を目に見えるような形で欲したのかもしれない。

ツアーは9月14日と15日、ロサンゼルスのイングルウッド・フォーラムで楽日を迎えた。会場には多くの有名人が顔を見せて、フレディはマイケル・ジャクソン、オリビア・ニュートン・ジョン、ドナ・サマーらと一緒に写真に収まった。成功裏に終わったアメリカン・ツアーの締めくくりは、9月25日のサタデー・ナイト・ライブ（ＳＮＬ）への出演だった。ＳＮＬへの出演はクイーンにとってとても重要だった。全米のお茶の間に顔を売る絶好の機会だったからだ。バンドは〈愛という名の欲望〉と〈アンダー・プレッシャー〉を演奏することになっていた。ＳＮＬは普段の放送は口パク演奏でも構わなかったが、今回の出演に関しては生演奏ということであらかじめ話がついていた。

しかし、よりにもよって番組前夜の金曜の夜、フレディとリードは一晩中怒鳴り合いの口論をした。土曜の朝、目を覚ましたフレディはすっかり喉を潰してしまっていた。番組のリハーサルが午後に予定されていたが、彼はただ参加してパフォーマンスの身振りをしただけで、ほとんど誰とも話をしなかった。私は朝早くから街中を走りまわってオルバスのオイルを手に入れると、午後はスタジオの小さなバスルームにこもった。バスタブにお湯を目いっぱい張ってオイルを垂らし、ドアをきつく締めきって蒸気を作った。さらに効果が高まるようにハニー・レモンのホット・ドリンクを作ってはフレディに飲ませた。彼はその日はもう歌えないものだと半ば諦め、バンドのメンバーを失望させてしまったことを心からすまなく思っていた。だがリハーサルが終わって、何度か声を出しているうちにフレディの喉は少しずつ回復してきた。本番では決してベストの状態とはいえなかったものの、ロジャーがすばらしいカバーを見せてくれた。

観客のひとりにジェニファー・ホリデーがいた。本番後、彼女とフレディは再会を果たすが、舞台『ドリーム・ガール』の公演以来のことだった。自分の出来に納得していなかった彼は面会時間をわずかで打ちきった。ふたりの友情のきっかけを作ったのは私だった。ロンドンでラジオから流れてくる〈アンド・アイム・テリング・ユー・アイム・ノット・ゴーイング〉を耳にした私は、その声の主をつきとめ、テープを手に入れた。そして入手したその晩、フレディと外出する際、テープを彼のロールスロイスに持ちこみ、車がケンジントン・ゴアを走る頃「これはいいよ」と手渡した。デッキの再生ボタンを押したフレディは、次の瞬間ブッ飛んだ。その後ニューヨークを訪れた際、彼は『ドリーム・ガール』がどこで上演されているか調べて劇場に予約を入れた。それは私たちが一緒に出かけた数少ない舞台のひとつだったが、終演直後スタンディング・オベーションで、この21歳の新人スターに拍手喝采した。

サタデー・ナイト・ライブからほどなく、フレディは自身が負っているダメージの大きさを実感するようになった。そしてフレディは車を買う金をリードに与えると、ソブリン・ビルの部屋から「君の荷物を運びだしてくれ」と頼んだ。リードは、それに従った。それから数日後のこと。夜遊びを終えて私たちが部屋に帰ってきたのは深夜遅くだった。ソブリン・ビルのロビーにはコンシェルジュや警備員がいつものように待機しており、外部の者は居住者の許可なしにビル内に入ることは出来ないはずだった。午前4時ごろだっただろうか。突然、雄叫びと何かを叩きつけるような轟音が建物中に響きわたった。私はドアに走っていって覗き穴を覗こうとしたが、外側から壊されており何も見えなかった。ドアを少し開けて隙間から覗くと、そこにいたのは猛りくるったリードだった。彼はこう喚きちらした「こんなことで簡単に俺から逃れられると思うんじゃないぜ。絶対離れてなんかやらねえぞ!」。私はすぐに警備員を呼び、それからまもなく彼は連れていかれた。

事件からまもなく、フレディはその部屋を出た。部屋は彼が購入した時から去る時まで、何も手を加えられることはなかった。そして後ろ髪を引かれることもなくこの部屋を去り、売りはしなかったものの、決して戻ろうとはしなかった。このサタデー・ナイト・ライブ出演がアメリカでの最後の演奏になろうとは、誰が想像しただろう。

マラソン・ツアーに話を戻すと、アメリカの次に控えていたのは日本での6公演だった。日本へのツアーは彼の買い物ツアーの口実といっても良いだろう。フレディにしてみれば買い物の合間にステージがあるようなものだった。プライベートな買い物の旅やその日程の長さにかかわらず、日本での滞在には必ず東京が含まれていた。彼は日本が大好きで、滞在を心から楽しんでいた。世界中でフレディが基本的に「旅行者」として訪れていたのは日本だけだ。彼は日本のものなら何でも熱心に買いこんでいた。もし公演が5つの別な土地で行われるなら、それぞれの場所で買い物を存分に楽しんだ。フレディが凝っていたのはさまざまな漆器の箱集め。訪れる街それぞれに特有の美を見つけては酔いしれていた。フレディはそこに日本古来の穏やかな安らぎを見いだすと同時に文化的な美を高く評価し、日本庭園のわびさびなどにも美を見いだしていた。

'84年2月、クイーンは保養地で名高いサンレモで行われる音楽祭へ参加することになった。大勢のファンが詰めかけたため、会場の警備はかつてないほど厳しいものとなった。普段なら薄紫など上品に髪の毛を染めて毛皮のコートを着込んだご老人たちの集まるリゾート地が、レインボー・カラーの頭をしたバンドのファンたちに占拠されてしまったのだ。クイーンと一緒に出演したのは当時、音楽シーンに登場したばかりの話題の新人バンド、カルチャー・クラブだった。ボーイ・ジョージとフレディはそれ以前にも時折顔を合わせていたが、気のあう者同士だった。ジョージのすばらしいウィットをフレディは愛した。当時のジョージは業界の中でも珍しくドラッグに対して否定的だった(その後の彼に起こったことを思えば皮肉なことだが)。フレディは、ジョージがカルチャー・クラブのメンバーに対してもドラッグの所持を禁じているという話も聞いていた。そんな他のメンバーを不憫に思ったフレディは、自分のスイートにジョージだけを招きティー・パーティを開いた。その間残りのメンバーはというと、隣の私の部屋で紅茶とキュウリのサンドウィッチではなく「別な開放感」をしばし楽しんだ。ベン髪姿の若者2、3人がニヤけて部屋を出入りする様子はさぞかしヘンに見えたに違いない。

サンレモ音楽祭に続き、同年5月にモントレーで行われたゴールデン・ローズ・ポップ・フェスティバルの口パク演奏の模様は世界40ヶ国に中継された。クイーンがこのふたつのショーに出演した理由は、映像が世界中に中継されるという点に他ならない。当時《ザ・ワークス》がリリースされたばかりだったため、絶好のプロモーションといえた。

「ザ・ワークス・ツアー」のヨーロッパ公演のリハーサルは、ミュンヘン郊外にあるババリア・フィルム・スタジオのサウンド・ステージで行われた。2週間に渡ったリハーサルは誰もがいい雰囲気で過ごせた。ミュンヘンを気に入っていた理由は各人まちまちだったが、フレディにとってはバルバラ・ヴァレンティンとヴィニー・キルヒベルガーが住んでいる街であると同時に、数々のバーがあったからだ。

今回の舞台セットはフリッツ・ラング監督の『メトロポリス』の一場面を再現したもので、ステージ後方には可動式の巨大な歯車が設置されていた。フレディはいろいろな高さや段差に不安がっていた。というのも、彼はその4月に膝の靭帯を痛めたばかりだったからだ。それはミュンヘンのニューヨーク・バーでのばかげた遊びのツケだった。誰かを肩に担いでふざけていた時に床に転んでしまったのだ。病院に運ばれレントゲンで調べたところ幸い膝は折れていなかったが、腿の中間部から足首までギプスで固定しなければならなかった。

ギプスがまだ取れていなかった時、古くからの友人エルトン・ジョンの公演がミュンヘンで行われ、エルトンに「ショーに来いよ」と強く誘われ、フレディはギプスをはめたままコンサートに出かけた。フレディはステージ袖のPAの陰に隠れていたが、エルトンは再三、彼のことをステージに引きずりだそうとちょっかいを出した。そしてショーの最後いたずらっぽい笑みを浮かべながら、フレディのために〈アイム・スティル・スタンディング〉を歌ってくれた。ギプスが取れてからまもなく、フレディは〈永遠の誓い〉のプロモーション・ビデオの撮影に取りかかったが、最後の階段に座りこむショットで、彼が痛めた脚をかばっていることが分かるはずだ。

ツアーはブリュッセルの屋内会場、フォーレ・ナショナルでスタートした。開演前の午後には〈ハンマー・トゥ・フォール〉のビデオ撮影が行われた。その日のステージ自体もフィルムに収められ、観客のシーン共々ビデオの中に使われている。その後バンドはイギリス本土とアイルランドで9回の公演を行った。この時のウェンブリー・アリーナのステージに、フレディは初めて例の有名な「かつらと張りぼてのおっぱい」姿で観客の前に登場した。それは最初のアンコール曲〈ブレイク・フリー〉の時のことだった。その姿があまりにも評判を呼んだため、彼はそれ以降のショーでも使用することにした。かつらの手入れをしておくのは私の役目だった。

ウェンブリーの公演2日目の9月5日はフレディ38歳の誕生日だった。翌日はオフだったため、当時最先端だったナイトクラブ、ゼノンでパーティが開かれた。彼がその時プレゼントされた大きなロールスロイスの型をしたケーキのキャンドルの火を吹き消している写真は、ファンならご存じの方も多いだろう。そのバースデイ・ケーキが盗まれてしまうハプニングが起きた。祝いの席を盛りあげようとする芸人たちの中にショーの出し物があまりにもゲイ的だという理由から断られた一団がいた。そんな仕打ちに腹を立てた彼らが埋め合わせのつもりでケーキを盗んで帰ったのだ。まさに甘い復讐だった。

ツアーは再び大陸に戻るとドイツ、イタリア、フランス、ベルギーそしてオランダを回った。私の記憶に強く残っているのはハノーバーのオイローペホールでの出来事だ。その日いつもと同じように、各メンバーのボディ・ガードは公演中のステージの周りに待機していた。私はドールハウスのドア・フラップのところでフレディのボディ・ガードと話をしていた。とその時、フレディが舞台の床に倒れこむのが見えた。最初わざとかと思ったが、次の瞬間、痛みに苦しんでいた。私たちは走りより脇を支えるとドールハウスへと担ぎこんだ。彼はミュンヘンで痛めた膝の靭帯を再び痛めていた。バックステージには医者や救急用に対処できるような人員はおろか痛みどめの薬すらなかった。ショーは中盤を越えたところ。しかしフレディはファンをがっかりさせたままステージを去れないと言いはった。メンバーとクルー、スティッケルスはすぐさま話しあい、あと3曲ぐらいならピアノに座りながらプレイが可能だろうと判断した。そしてフレディは私とボディ・ガードに肩を担がれてステージへ戻った。フレディは自分の身に起こったことの一部始終と、そして後の進行を観客に説明すると、場内に彼の勇気をたたえる大歓声が巻きおこった。まさに「ショウ・マスト・ゴー・オン」、ショーは続けなければならないのだ。3曲の演奏後、フレディは病院に直行した。レントゲンを撮ったところ、ダメージは予想よりも軽く脚の関節に負担がかからないように包帯がきつく巻かれ、ツアーはそのまま続けられることになった。ツアーのなかには南アフリカのボプタツワナ、サンシティでの公演が含まれていた。

クイーンがサンシティで公演を行ったのは、記録的なツアーの延長線にあったということと、そしてバンド活動の新たな段階の柱として考えていたからだ。公演が予定されていた会場は、当時の南アフリカの中でも多様な人種の人々が一堂に会して、西洋のバンドを見られる唯一の場所だった。

バンドはこの南アフリカ訪問が国際的な物議を醸すであろうことは最初から分かっていたが、契約どおりにツアーを行った。彼らにしてみれば、ミュージシャンズ・ユニオンの禁制で全く見過ごされ無視されているファンたちを楽しませるための行動だったからだ。誰がユニオンに南アの人々が見てよいものと悪いものを判断する権利を与えたというのだろう。フレディは何も発言しなかったが、彼がザンジバルで生まれ育ち、教育も受けているという事実は皮肉なことだった。むしろ声明を出してガンジーのように南アのファンのために立ちあがることも可能だったかもしれない。

フレディは政治に関して、たとえばU２のように自分たちの地位や名声を利用して、個人的な政治見解を浸透させるプロパガンダ的バンドを嫌っていた。政治に関しては個々の私見とみなしていたフレディは自分の政治的な意見を公の場で表明したことはなかった。自分がどんなことでも発言できる立場で、その言葉が世界中に伝わることにより、特定の政党やメディア機関の意のままに、または歪曲されてとられることに対して敏感になっていた。フレディは選挙権を持っていたにもかかわらず、私の知るかぎり規模を問わずいかなる選挙にも投票に行ったことはなかった。彼は、政治の世界で起きている事に興味を持ってはいたが、自分事になると無関係を装っていた。労働党の政権下において収入の83パーセントを税金として課せられていたフレディにとって、自分も含めた同業者たちが海外で長期間過ごさなければならなかった状況をふまえれば保守党を支持したことだろう。だが年間の予算云々と言うのであれば、会計士のリブソンが説明してくれる自分の経費に関して何が最も予算オーバーしているかということのほうがフレディにとっては重要だった。

サンシティでは11回のショーが予定されていたが、ツアー初日から喉の調子が芳しくなかった。彼は喉に小さなポリープがあった。喉の具合が悪くなるたびに手術の話が出たが、自分の現在の声を失うのではないかという恐怖から手術することはなかった。フレディは「フレディ・マーキュリー」であるために手を抜けない性分だった。結果、公演は喉の不調のために7回公演となった。

ホテルはサンシティの2つのメイン・エリアから成る複合施設の一部で、施設にはギャンブル場の跡やパリやラスベガスで催されたショーのリバイバルをかけているような劇場を含むスーパー・ボールがあった。サンシティに滞在中、ほとんど外出することがなかったフレディにとってホテルは豪華な刑務所同然だった。ミュンヘンのヴィニー・キルヒベルガーに店をしばらく休んで南アフリカに来てほしいと頼みこんだ。さらにホテルのマネージャーを説得して、ヴィニーが自分のためにランチをこしらえてくれるように小さなガスコンロも用意させた。自分のことを愛してくれる人に面倒を見てもらうことをフレディは心から喜んでいたし、それは実にいい光景でもあった。彼は「夫でシェフ」であるヴィニーが腕を振るった料理に、2回ほどゲストを招いていた。

'85年の年明け早々、クイーンはロック・イン・リオに参加するために再び南米へ赴いた。滞在したのはコパカバーナ・パレス・ホテルだったが、フレディは再びヴィニー、そしてバルバラ・ヴァレンティンをホテルに呼んだ。バルバラは女優として以前にリオを訪れたことがあり、出演した映画のエピソードなど様々な話題でフレディを楽しませた。今回の大規模なライブには観衆が25万から30万人集まり、これはクイーンが体験した中でも最大のものだった。

リオに滞在中フレディは3、4回外出する機会があったが、その際、護衛用の車をつけなければならなかった。そのため彼はわずかばかりナイトクラブに出入りしたあと、あきらめて自分のスイートでパーティを開くようになった。しかしEMIがコパカバーナ・パレスで盛大なパーティを開いた時には出席を辞退した。フレディは業界関係者のショーやパーティへの出席を毛嫌いしていた。彼は最初こそバンド主催と銘打ったパーティに出ていたが、それはレコード会社が自分たちの「商品」をただ単に見せびらかす場にすぎなかった。バンドはレコード会社の重役連中のコネで招かれた招待客の間を引きずりまわされ見せ物にされかねなかった。プロのアーティストとしては当然のことだったかもしれないが、フレディには耐えられなかった。有名人だからこそ彼は誰よりも慎重だったし、とても繊細だった。そうした価値観は彼が寄宿学校で過ごした学校生活と無関係ではないだろう。学校にいる間は教師、寄宿舎では看守の目が厳しいため、そういった体制的なものに対して人一倍反感を覚えるようになるものだ。

彼はミュージシャンだとか関係者づらしてやってくる輩を嫌った。前者に対しては一応同業者のよしみも含め何も言わなかったが、レコード会社のコネでやって来るような後者に対しては軽蔑をあらわにした。「これが最後だ、絶対に！　あんなクソみたいな奴らのために、誰がノコノコ出て行ってやるか。畜生！」と。フレディはお金を払って観にきてくれる人々のために自分はパフォーマンスし、その報酬として自らの権利を得ていると考えていた。また彼は、アルゼンチン大統領との会談の話を受けた時なども、専門外の分野で注目されるのは本意ではないという理由から辞退した。他方、彼は自発的な人間でもあった。自宅に人を招いては、常にパーフェクトなホストであり、紳士であろうと努めていた。

'85年前後から、私はツアーに同行しなくなった。購入してからほったらかしの状態だったフレディの新居ガーデン・ロッジを管理する人間が必要だったからだ。私はツアーの付き人をジョー・ファネリに譲った。とはいえ、ライブ・エイドの時は現場に立ちあった。

ライブ・エイドはプロモーターのゴールドスミスとボブ・ゲルドフ、そしてミッジ・ユーロが組織するエチオピア難民救済のための慈善活動だった。当初その趣旨をきちんと知らなかったフレディは宣伝効果を狙った売名行為の大事業かと思っていたが、その後ショーの重要性と実際の規模、そして全世界的同時中継の話を聞いて出演を受けることにした。当時、クイーンの活動はストップしていた。ショーで割りあてられたステージの持ち時間は他の出演者と同様に20分間。演奏曲目の決定はかなり難しいことだった。通常2時間をかけて余すところなく見せているクイーンの魅力をわずか20分間に凝縮しなければならない。彼らは曲とその演奏順を決めると、アメリカからツアー・マネージャーのスティッケルスとアウトフロント・サウンドとステージモニター担当のトリップ・カラフ、ジム・デヴェニーなどいつものサウンドやライティング・クルーを呼びよせリハーサルに入った。わずかな出演時間にもかかわらず、バンドはユーストン・ロードにあるショー・シアターを借りきって1週間入念なリハーサルを行った。

'85年7月13日の昼過ぎ、私はフレディやその他のメンバーが会場に到着する前にウェンブリー・スタジアムへ出かけ、バンドやクルーがそれぞれ使用する水の給水器などの配置されている場所や、全スタッフが気軽に出入りできるハードロック・カフェなどの特設施設を把握しておいた。フレディに直接付いて身の回りの世話をしたのはジョーだった。しばらく会っていなかった他のクルーや出演者たちとおしゃべりを楽しんだが、ピリピリとした緊張感が漂っていた。ライブ・エイドはあらゆる意味で巨大なショーだった。ライブの長さはもちろん、出演者同士のエゴのぶつかり合いも相当なものだった。すべては綿密に打ち合わせされたものの、電気系統や衛星回線の故障までは予知することは出来なかった。楽屋は限られた狭いスペースしか与えられず、ひとつの楽屋につき6つのバンドが割りあてられていた。6バンドは自分たちの出番を終えたら次の出演者のために速やかに楽屋を空けなければならなかった。それは、まるで劇場の寸劇並みの慌ただしさだった。フレディが緊張しているのは傍目に見ても明らかだったが、その場の様子を見れば無理もなかった。けれどもステージ裏でスパンダー・バレエのトニー・ハドレーやデヴィッド・ボウイ、エルトンやステイタス・クォーなど古くからの友人たちやロック界の重鎮たちと再会すると、冗談を言いあったりしてすぐに場の雰囲気はほぐれていった。頻繁にツアーに出て活動をしているバンド同士が顔を合わせる機会は、こうしたイベントしかなかった。

フレディの懸念は、クイーンの出演時間が日没前に割りあてられていたことだった。日のあるうちはどんなアーティストがいかに頑張ってみても、最高のショーを見せるのは難しいように思えた。ライティングの効果もないし、メイクすらも役に立たず、パフォーマンス自体が褪せて見え、観客の目からすれば印象が希薄に映る恐れがあった。

だがフレディは、ステージが始まるやいなや、自分が決してステージで色褪せてしまうようなアーティストではないことをパフォーマンスそのもので示し、観客はもちろんバックステージにいたスタッフさえも手玉にとってみせた。〈Radio Ga Ga〉のコーラスでスタジアム全体が手拍子するさまを目の当たりにし、バックステージで観ていた私たちもゾクゾクするほど興奮したし、他の出演者たちもクイーンのショーのすばらしさを正直に認めていた。フレディは上機嫌で舞台裏に戻ってきた。そして、すべてのショーが終わりに近づいた頃、彼は再びブライアンをともないステージに立ち〈悲しい世界〉を演奏した。当初この曲を終えて帰宅するはずだったがフレディは居残ることにした。そしてショーの最後まで残っていた出演者全員とともにステージに登場して、一緒に唱和した。出演者の多くはショーが終わってからも交通渋滞が緩和されるまでウェンブリー・コンフェレンス・センターで待つことになり、その間フレディはボウイや彼を尊敬しているジョージ・マイケルらと30分ぐらい談笑を楽しんだ。

それから1年ほどした'86年の7月11日と12日、クイーンはアルバム《カインド・オブ・マジック》をひっさげて、再びウェンブリーの地を踏んだ。フレディは「ニューヨークの娘たち」を招待した。このステージがひとつの金字塔になるに違いないという自信を持っていたからだ。彼はハイヤーを雇ってガーデン・ロッジによこした。私は、ピーター・ストレイカー、メアリー・オースチン、ウェイン・イーグリング、ゴードン・ダルジール、グラハム・ハミルトン、バルバラ・バレンティン、トレバー・クラークそしてゴードン・アトキンソン医師をハイヤーに乗せた。私の役目はゲストを見送って、ショーが終わった後フレディと共に帰ってきた彼らを迎えることだった。初日のライブが終わり、長い長いパーティが始まった。これほどまで、もてなしを自らするスターも珍しいだろう。また友の成功を祝福してこれほど多くの友人たちが集まってくれるスターもそうはいないはずだ。その日はフレディの人生の中でも最も幸せなひと時だったに違いない。

ウェンブリーでのショーの2日目、クイーンとEMIレコードの主催するパーティがルーフ・ガーデンで行われた。パーティには裸にボディ・ペインティングを施し、服を着ているように見えるような格好をしたスタッフたちもいた。紳士用のトイレには女性客が、女性用のトイレには男性たちが出入りしていたが、決して当時報じられたようなコカイン・パーティではなかった。もちろんドラッグを使っていた者もいただろう。しかし大きく取りあげられるようなゴシップは、所詮ゴシップでしかないのだ。この時、フレディはサマンサ・フォックスと一緒にステージに上がって〈愛という名の欲望〉をデュエットした。

'86年8月9日、ネブワーズで行われたライブ。この時は、私も現場に向かった。私が会場に出かけたのはジョーが忙しかったためで、手伝いに行ったほうが何かとフレディのためにも役立つだろうと思ったからだった。2度目のヘリでの会場入りとなったのだが、機体には美しいペインティングが施されていて後日いくどとなくグラビアにも登場した。この日のショーは私が観た中でもベストといってよい出来だった。公演は記録的な大渋滞を引きおこすとともに、大成功をもたらした。クイーンはスタジアム級の会場でも超一流のライブ・バンドであることを証明してみせたのだ。それが最後のステージになるなどと当事者である彼らでさえ思っていなかっただろうし、各々の心の中では次のツアーに燃えていたことだろう。それほど、この「マジック・ツアー」は充実したものだった。フレディがファンクラブに寄せたクリスマス・レターからもそれは明らかだ。


やあ、みんな!

やっとみんなに手紙を書く機会が持てたよ。今年は本当に楽しい年だった! ツアーもうまく行ったしね。ツアーに専念するのは正直大変だったけど、でも今はやり遂げたことをうれしく思ってる。

ツアーが終わってから僕は日本で3週間のホリデーを楽しんだ。仕事関係の誰にも会いたくなかったし、とにかく仕事から逃避する必要があったからね。おかげで全くすばらしい日々が過ごせた。

バンドは今、'87年の年明けに発売予定のビデオ『ライブ・イン・ブダペスト』の仕上げをしてる最中だ。それに僕はソロ活動の計画も進めてる。まだそれは極秘プロジェクトで、僕にさえもまだどんなふうになるかは分からないんだ。

みんな、とびっきりのクリスマスを過ごしてね。

じゃあ、愛を込めて……。

第2章：レコーディング

ホット・スペース

2章ではクイーンやフレディのレコーディングの様子を語ってみよう。私が関わった最初のアルバムは《ホット・スペース》('82)だった。《ホット・スペース》はモントルーとミュンヘンの2ヶ所でレコーディングされた。モントルーの湖畔の街カジノ・コンプレックスにあるマウンテン・スタジオは投資と実益を兼ねてクイーンが購入したスタジオだった。後年は投資の意味合いのほうが強く、デヴィッド・ボウイなどのトップ・アーティストが利用していた。また毎年2週間ほどは、世界的に有名なモントルー・ジャズ・フェスティバルのレコーディングにも使用されていた。

レコーディングの作業に入る日時などに関しては、メンバーとジム・ビーチとの話し合いで決められていた。大抵のバンドはレコーディングに入る前から「今度はこんなアルバムを」というアイディアを持っているものだ。しかしクイーンの場合、事前に決まっていることはほとんどなかった。決まっていることといえば、バンドがEMIや他のレコード配給会社と結んでいる大まかなライセンス契約で、少なくとも6ヶ月間はレコーディングに割くことぐらいだった。よって彼らは骨の折れるセッションの合間から逃れて、リラックスすることも、エネルギーを補充することも可能だった。

モントルーで私たちが泊まっていたのはモントルー・パレス・ホテルだった。スタジオから徒歩で10分ほどの場所だった。バンドがスタジオを購入したばかりの頃は、あまりに静かな環境のためスタジオに籠もることはつまらなかったようだったが、ファンの言動に煩わされる心配もなく、慣れるにしたがってメンバー、なかでもフレディはここでのレコーディングをとても気にいるようになった。かつて彼はロンドンのガーデン・ロッジからメアリーのフラットのあるフィリモア・ガーデンズに歩いていこうとしたことがあったが、家からわずかに離れたアールズ・コート・ロードの途中で人々が彼のところにやってきてはサインをせがむため、やむなく帰ってきたことがあった。ここモントルーは、いいアイディアを思いつくのに最適な環境だといえた。

ロンドンのウィリアム・ロードにあるクイーン専用の倉庫からロードクルーが搬出した器材は2、3日早めにスタジオに到着し、レコーディング初日にはすでにセッティングされていた。まずバンドはスタジオ入りすると、メンバー各々の頭に浮かんでくるアイディアを検討しはじめる。創作段階のセッションにおいて、メンバー間のお決まりの組み合わせはなかった。ある時はフレディとロジャーが組んでいても、次のセッションではフレディとブライアンというように。毎日ちょうど2時から始まるレコーディングの顔ぶれは前夜のセッションの作業量によって、アルバム・プロデューサーやエンジニアまたはテープ編集担当が判断した。４人のメンバーが集まるのは大抵ミーティングの時ぐらいのもので、スタジオに一堂に会することは滅多になかった。われわれは「ミーティングをするのにわざわざ何千ポンドもの金をかけるバンドなんてクイーンぐらいのものだろうな。世界一金のかかるバンドさ、クイーンは」などと冗談を言っては笑ったものだ。

マネージャーのジム・ビーチはモントルーに住み、仕事場を持っていたにもかかわらず、ミーティング以外でスタジオにやって来ることはほとんどなかったが、パーソナル・マネージャーのポール・プレンターはほとんど毎日顔を見せていた。《ホット・スペース》のプロデューサー兼エンジニアはラインホルド・マックだった。ミュンヘン在住のマックは、ジョルジオ・モロダーとの仕事で有名で、モロダー所有のミュージックランド・スタジオでも仕事をしていた。私はフレディの付き人兼他のメンバーの友人として参加していたが、スタジオには常に12人ぐらいの人間が出入りしていた。制作チームは常に毎日スタジオに通って、メンバーが来るのを待っていた。

また、常に最低でも3人のロードクルーが立ちあっていた。その3人のパーソナル・ローディ、「テック」ことテクニカル・クルーはラッティ、ジョビー、そしてクリスタルだった。ラッティことピーター・ヒンスはフレディとジョンの楽器を担当。ジョビーことブライアン・ゼリスはブライアン・メイに。そして、どこにでも顔を出すクリスタルことクリス・テイラーはロジャー・テイラーと「お笑い担当」だった。クリスタルは場が何か気まずい雰囲気になりかけると、気の利いたジョークで場をほぐす才能に長けていた。そして、逆に口を挟んではいけない場面も、よくわきまえていた。ラッティ、ジョビー、クリスタルはそれぞれ誰の担当かは別にして、みんなフレディのことが大好きだった。モントルーでは、メンバーが必要とあればスタッフの誰もが彼らのために紅茶やコーヒー、そしてウォッカ・トニックまで作った。

当時、クイーンはスタジオを貸し切りにしていたため24時間好きな時間に利用できた。そのため仕事の開始時間が2時とはいえセッションに終わりはなく、無制限といってもよかった。つまり一晩中ぶっ続けで行って翌日まで続くことなどざらで、そんな状態が1週間丸々続くこともあった。要するにメンバーが「これで良い」と納得するまで終わりはなかった。

曲作りは石から血を絞りだすくらい容易なことではなかったが、〈アンダー・プレッシャー〉は自然に出来上がった曲だった。モントルーに住んでいたボウイが、クイーンが滞在している話を聞いて、ちょっとスタジオに遊びに来たことがきっかけだった。歌詞とタイトルはフレディとボウイの共作。私はその頃流行していたディスコ・ナンバーでちょっと良いなと思っていた、ボーカルを2オクターブ高音にスライドさせる唱法をフレディに提案したところ、彼は案を取りあげてくれた。〈アンダー・プレッシャー〉の場合、最初のレコーディングの2セッションは24時間かかった。そして2、3週間後ニューヨークのパワー・ステーションで行われたボウイとフレディのセッションには18時間が費やされた。

ここでフレディの曲作りについて紹介してみよう。たとえば〈ライフ・イズ・リアル（レノンに捧ぐ）〉の場合は大西洋の上空を飛行中のこと。私たちはニューヨークからロンドン経由でスイスへと戻る途中だった。特に何かきっかけがあったわけではないが、フレディは突然私のほうを向いてこう言った「いい言葉が浮かんだんだ。ペンと紙はあるかい？」。こんな時のために私はどこへ出かける時でも紙とペンは必ず携帯していた。フレディは小賢しそうにニヤリと笑い小声で呟いた「しとねに染みついた女の痕跡」。私の驚いた顔を見ながら「ちょっとやりすぎかな？」と笑い言いなおした。「しとねに染みついた男の痕跡」。余計しっくりこないことを私が告げると、しばらく考えこんだあと、今や定番になった歌詞「しとねに染みついた罪の痕跡」が生まれた。それから、あれこれ言葉を考えつづけ、モントルーに着く頃にはつながりのない、もちろんタイトルもまだついていない歌詞の断片が山ほど書き貯められたメモ用紙が何枚にもわたってあった。そんなふうにフレディは頭に浮かんだ歌詞をよく書きとめていた。私のメモ帳には彼が書いたこんな歌詞が残っている。「どうか自由に、僕のありったけの愛を引きだしておくれ」。私の知る限り、このフレーズはその後どこにも使用されていないと思う。

空港からスタジオに着くと、フレディはピアノに向かい、納得するまで鍵盤にひたすら指を走らせた。宝石のようなメロディーが消えてしまわないようテープを回しながら。コードを弾き、それらを元に膨らませてメロディーを作っていった。リズムは、その時の気分や歌詞によって左右されることが多かった。メロディーが決まると、フレディはまず最初に厄介なパートから取りかかり、歌詞をきちんと意味が通るような形に整えていった。そしてメロディーを譜面におこし、それからピアノを使って録音し、聴けるような形にしたところで他のメンバーが呼ばれた。まずロジャーのレコーディング、フレディがいうところの「クリック・トラック」から始まった。最初に作ったピアノのトラックに磨きをかけ、曲の背骨となる基本的なビートを乗せていく作業だ。フレディは口癖のようにこう話していた「ドラムマシーンは確かに正確かもしれないけど、ロジャーのビートだって完璧さ。折り紙付きだよ」。

屋台骨が出来上がると、曲に必要なすべての構成要素に取りかかった。だがこの段階で、最終的な全体のヴィジョンが見えているわけではない。逆に、元になるコンセプトからがらりと変わることもあり得たし、またトラックのタイトルもコンセプトが膨らんでいく過程で変わっていくこともままあった。〈Radio Ga Ga〉の場合も最初は〈Radio Ca Ca〉だった。どの曲も最初のうちは仮題がつけられ、最終的なタイトルは曲が完成するまで決まらなかった。その場にいる者全員でタイトルのアイディアを出しあい、曲にしっくりくるものにしぼられていった。

フレディは、ハーモニーに関してはブライアンに全幅の信頼を寄せていた。またジョンのベース・ラインは初期の段階で出来上がっている先導役のボーカル・トラックの旋律に近く、そこから楽器で色付けしハーモニーが練りあげられた。ここまでの過程を固めるまでに数ヶ月を要した。というのも、バンドは1曲を最後まで完成させたうえで次の曲へと進むわけではなかったからだ。ある曲に飽きれば、それは後回しにされた。そして新しいアイディアが生まれたら、オリジナルのコンセプトを活かしたうえで、さらなる進展を図った。

フレディは浮かんだアイディアは余すことなく使いきる実用主義者で、これ以上にいい表現はあり得ない、と納得できるまで何時間も追究の手を休めない完璧主義者でもあった。彼の音楽は何よりもまず彼自身のためにあった。彼にとって音楽は自分の感情、そして彼自身を表す手段だった。音楽家として人々を楽しませることはもちろん大事なことだしファンの期待も理解してはいたが、何よりもまず自分自身が100パーセント満足できることが絶対だった。つまり、それこそが彼の音楽だった。公式には作曲のクレジットがひとりの名前しか記されていなくても、クイーンの楽曲は4人によるアイディアの産物だった。《ザ・ミラクル》以降のアルバムのクレジットは《メイド・イン・ヘヴン》を除き「クイーン」で統一されることになる。フレディはステージに臨むとき同様、レコーディングに際しても様々な語録を残している。たとえば「一番最後に作ったものが自分のベスト」。彼にとってこの言葉は、自分の行動のすべてにあてはまるものだった。自分とベッドを共にした恋人たちにも。いつしかフレディの口癖や語録を書きとめてコレクションしておくことが、私たちスタッフの間で習慣となった。「ロックンロールの女神はボルガを飲みすぎて二日酔い」などなど。

ザ・ワークス

'83年の夏、バンドはロサンゼルスのレコード・プラントで8週間に渡る《ザ・ワークス》のレコーディングをした。ハリウッドでのレコーディングには普段クイーンのロード・クルーをしていたスタッフが参加し、マックもやって来てくれた。とはいえ、スタジオでの仕事自体は場所が変わってもそうそう変わるものではなかった。この時も最初から曲が出来上がっていたわけではなかった。しかし、バンドの誰もが「今度は良いアルバムになるはず」と思っていた。というのも前作《ホット・スペース》がそれまでリリースしたアルバムに比べてセールス的にも伸びなやんだからだ。

ブライアン、ロジャー、そしてジョンは、ロスに家を購入していたため自宅からスタジオに通った。フレディとポール、そして私はホテル・ベル・エアからそう離れていないストーン・キャニオン・ロード649番地にあるたくさんの寝室をそろえたピンクの壁の大きな家を借りた。巨大なベッドが収められたマスター・スイートにはエリザベス・テイラーや、ジョージ・ハミルトンが滞在したと聞かされ、映画好きのフレディはすっかり興奮していた。『ゾロ』の撮影の際、滞在したハミルトンは鞭をぴしっと鳴らすお馴染みの仕草をプールサイドで練習していたそうだ。私は母屋の離れでひとりで使える自分に合った部屋に落ちつくことになった。

エレクトラ・レコードに勤めていたジャッキー・ブラウネルは、ロスのロジャーの家と同じ建物の1階に間借りしていた。彼女のレズビアンの恋人は、ストーン・キャニオン・ロードにあった私たちの家の家政婦をしていた。ブラウネルたちが出会ったのはサンフランシスコのゲイ・パレードの記念イベントで、その恋人が警備を担当していたことがきっかけだった。

ロスでのお楽しみに関して言えば、フレディはクラブよりも、バーに出かけるほうを好んだ。私たちは全身入れ墨だらけの男たちがたむろするようなシルバーレイクまで足を伸ばした。フレディはそんな男たちに興味津々で、しばらく調査していた。行きつけの店はスパイク、イーグル、マザーロードなど、ドヒニーとサンタモニカ大通りの間のウェスト・ハリウッド地域、いわゆる「ボーイズタウン」にあるバーのほとんどに出入りしていた。日曜の夕方早い時間帯にはプローブとかリボルバーといったクラブにティー・ダンスをしに出かけていたが、やがてこれらのクラブで彼のビデオや曲がかかるようになってしまったため、行きにくくなってしまった。

サンタモニカ大通りのバー、イーグルのバーテンダー、ヴィンスはフレディの一番新しい恋人だった。通りから店まで大した距離がなくてもいつでも750ccのバイクを乗りまわし、フレディを夢中にさせた。フレディはバイク乗りの男に目がなかった。以前、ダラスでこんなことがあった。大きなリムジンでバーに出かけているにもかかわらず、フレディはバイクの男をヒッチハイクした。「僕はバイクの後ろに乗せてもらって部屋まで帰る」と言って譲らなかったため、猛スピードで走るバイクの後を豪華なリムジンに乗った私が追いかけるという妙なことになってしまった。

ヴィンスはフレディとすぐに意気投合して、とても仲良くなった。彼は黒い髪に背が高くがっしりしていて、口髭を蓄えていた。ヴィンスはフレディが有名人だからひかれたわけではなかったし、フレディのことを特別扱いしなかった。フレディに「バーテンの仕事を辞めて一緒にツアーに来てほしい」と頼まれた時も、彼の答えは「ノー」だった。「半年も経てば君は『もうお仕舞い』と言って、俺をさっさと追いはらうかもしれない。自分の人生を棒にふってもいいと思えるほど、まだ俺はデキた人間じゃないんだ。悪いな、フレディ」。私たちはみんなヴィンスのことが大好きだった。その後、フレディが彼に店を辞める話を持ちかけることはなかった。

ヴィンスはフレディの誕生パーティには顔を出してくれた。その時、フレディはジョー・ファネリをロンドンから呼んでパーティ用の料理を作らせた。誕生パーティはフレディとジョーの和解の場ともなった。ジョーはフレディとかつてつき合っていたが、彼と別れて以来フルハム・ロードにあるセプテンバーなど、ロンドン市内のいくつかのレストランでシェフとして自立し生計を立てていた。ジョーが用意したのはすべてフレディの好物ばかりだった。クルマエビのクレオール、大英帝国ならではのコロネーション・チキン、ポテト・サラダ、ライス・サラダと肉やチーズのコールドカットの盛り合わせなどなど。その頃は丁度レコーディングも佳境にさしかかっていたが、パーティにはバンドのメンバーや家族たちも全員参加してくれた。

パーティにやってきた100人ほどの招待客には、ロッド・スチュワート、エルトン・ジョン、ジェフ・ベック、そしてジム・ビーチの前にクイーンのマネージャーをしていたジョン・リードなどがいた。フレディは決してスターがぞろぞろいるようなパーティに興味があるわけではなかった。自分の個人的なパーティにも特別なリストはなく、いつでも友と呼べる人間しか招かなかった。パーティでは特に余興は設けられず、シンプルに飲んで食べて楽しく過ごすというものだった。

それからしばらくして、レコーディングの場はロスから再びミュンヘンに移動した。《ザ・ワークス》の仕上げはミュージックランド・スタジオで行われることになったが、その時フレディはバルバラ・バレンティンに初めて出会った。バンドは新譜の完成後に予定されていたワールド・ツアーに向けてのリハーサルも同時に開始していた。フレディはミュンヘンがいっそう好きになったが、それはとあるババリア人との新しい恋がきっかけだった。相手はフレディが行きつけにしていたレストランのオーナー、ヴィンフリード・ヴィニー・キルヒベルガー。フレディの夜の活動はほとんど毎日その店から始まり、やがてポップ・アズ、ザ・イーグルといった店に移動した。なかでもミセス・ヘンダーソンは、後に〈リヴィング・オン・マイ・オウン〉のビデオの中に登場した店だ。ヴィニーとの出会いはまさに理想的だった。彼は文句なしにたくましく、他につき合っている人物もいない様子だったからだ。

アルバム《ザ・ワークス》によせるバンドの期待は高かったものの、メンバーが思い思いに女装し、フレディに至っては掃除機まで押してみせた〈ブレイク・フリー（自由への旅立ち）〉のビデオをリリースした時、アメリカに関して言えばその期待は打ちくだかれてしまった。誰にも迷惑はかけなかったにもかかわらず、さんざん非難された。フレディにはまったく理解ができなかった。結局アルバムは'84年までリリースされなかった。ライブ・エイド出演までの間、〈ブレイク・フリー〉の失敗を引きずっていたクイーンのガス欠状態がしだいに増大していくようだった。ようやくアルバムがリリースされ、第1弾シングル〈Radio Ga Ga〉はアメリカでも他の各国同様に大ヒットしたし、またアルバムのプロモートとして行ったワールドツアーでは大きな利益も得た。だが、逆にメンバー間では悲観的な見方が広がっていった。ソロアルバムを出そうと計画していたフレディは、今こそ「クイーンにとって休息が必要だ」と考えた。彼は他のメンバーが思いつかないような事をやりたかった。もっとアップ・ビートでディスコティックな曲。その考えに興味を示す者はいなかった。誰もがディスコ風にインスパイアされた《ホット・スペース》の失敗が頭をよぎったのだろう。

デビューから上昇していた彼らのアルバム・セールスは《ジャズ》で初めて落ちこみ、その後の《ライヴ・キラーズ》《ザ・ゲーム》で持ち直したにもかかわらず、再び《ホット・スペース》で落ちこんでしまった。アルバムの良し悪しの基準ともなるのが世界最大の市場を誇るアメリカでの売り上げだった。アメリカの両海岸におけるレコードの購買層はクイーンに対して好意的だった。多様なコミュニティーが混在していることで「ほかと違った、奇抜なもの」でも受けいれられやすかったのだ。クイーンはいつでも革新的なバンドであろうとした。だが、それらはアメリカ中央部のいわゆる「バイブル・ベルト」地帯と呼ばれる信仰の厚い人々には受けいれられなかった。そうした地域の人々が〈ブレイク・フリー（自由への旅立ち）〉に対して強い反感を抱いたことが、ひいてはバンドへの拒否反応に結びついたため、クイーンはそれ以降アメリカ・ツアーをやめた。レコードがそこそこ売れたとは言っても、《メイド・イン・ヘヴン》が発売されるまで売り上げが盛りかえすことはなかった。

〈愛こそすべて〉という曲はフレディが、映画『ホテル・ニューハンプシャー』（'84）のために書き下ろした曲だった。原作を読んだ方であればオリジナルタイトル「キープ・パッシング・ザ・オープニング・ウィンドウ（開かれた扉は立ち止まることなく、くぐり続けろ）」という言葉が大事なキーワードになっていることはご存じだろう。英国の映画監督トニー・リチャードソンがクイーンがロスに滞在していると知り、「映画のために何曲か提供してもらえないだろうか」と打診してきたことがきっかけだった。だが出来上がった曲を聴いたリチャードソン監督は曲を気にいったにもかかわらず、映画には全編既存のクラシックを使うことにした。そのほうが楽だし、きっと安上がりだったのだろう。フレディは憤慨してこう言った。

「この曲は絶対に無駄にしないぞ。アルバムに使うんだ！」

マイケルとセッション

フレディとマイケル・ジャクソンの親交が始まったのもロスに滞在していた頃だった。ある夏の日、ヘイブンハースト・アベニューのアンチノにある彼の自宅にフレディは招かれた。マイケルは迎えにだしたリムジンで到着したフレディと私を外で出迎えてくれると、新築のチューダー式の大邸宅の案内を始めた。彼と一緒についてきたのは自宅に設置されている専用スタジオのエンジニアだった。フレディは仰天した。建物の対になっている窓にはすべてクリスマスの時のような電飾が取りつけられていたのだ。この邸宅は後に作られるマイケルのネバーランドの元となるミニ動物園もあった。警備も信じられないほど厳重で、タワーになった入り口にはいかにも恐そうないかつい警備員が待機していた。マイケルは自分の家をとても誇りにしており、楽しそうに案内をしてくれた。彼は私たちに母親と2人の姉妹ラトーヤとジャネットを紹介してくれた。当時マイケルの父親はいろいろと問題を抱えていた時期で、彼の他の兄弟はそれぞれの家庭を持ち独立していた。

マイケルの寝室には巨大な蛇が収められた水槽が置いてあった。フレディは蛇が大嫌いだった。マイケルが蛇をかわいがっている間、彼はまず身の危険を案じていた。またマイケルのベッドがマットレスだけで、床に直に置かれているのがどうしても気になったようだ。そして「どうして床の上なんかで寝るんだい？　君ならさぞかし素敵なベッドが買えるじゃないか？」と尋ねると、マイケルは歌を歌っている時と同じようなソフトな声で答えた「僕はね、すこしでも大地に近いところで眠りたいんだ」。フレディはいぶかってこう返した「でも……ここは2階だよ」。フレディの印象に残ったのは彼の《スリラー》のトリプル・プラチナ・ディスクの飾り方だった。それはただ寝室の壁によりかけられているだけだった。フレディは決してそういう物をひけらかすような人物ではなかったが、獲得したゴールドやプラチナ・ディスクはトロフィーの類とは別に壁にきちんと飾っていた。

豪邸には最新のビデオ・クリップまでがそろったビデオ・ライブラリーもあった。そこは大きなテレビモニターが設置された専用の視聴覚室だった。また当時流行ったゲームセンターにあるようなムーンバギーなどのゲームも取りそろえられた広い遊技部屋もあり、テニスゲームみたいなものでマイケルと私は対戦した。それは白黒のパドルでボールを打ちあうというものだったが、マイケルがなにげに白のパドル、私が黒いパドルを選んだことを意味ありげに「僕が黒人なのに白、君が白人なのに黒とはね」と言ったことが印象に残っている。

キッチンを案内してもらっている時、フレディがすまなそうにマイケルに尋ねた「煙草を吸っても構わないかな?」。当時フレディは1日約2箱は煙草を吸っていた。私はこの時ほど彼が控えめだった場面をそれまでも、そしてそれ以降も目にしたことがない。たぶんフレディはマイケルに畏敬の念を抱いていたのだろう。「ああ、もちろん」と答えたもののマイケルはちょっと戸惑った様子だった。というのも、家には灰皿がなかったからだった。応急処置としてマイケルは母親が使った空き瓶を持ってきて、フレディはそれを持ちあるいた。マイケル一番のご自慢は礼拝堂で、まるで豪勢な教会を思わせる立派な椅子を使っていた。

屋外に出ると、美しい庭の大きな池には白鳥たちが翼を休めていた。マイケルはラマを飼っている囲いまで私たちを案内してくれたが、周りはぬかるんでいた。その日のマイケルの出で立ちは普通のジーンズにTシャツ姿だったが、そんなことになると思っていなかったフレディは真っ白いジーンズをはいてきていた。泥の中をつま先立ちで歩きまわる羽目になってしまった彼は、泥が跳ねないようにと慎重に歩いていたが、おぼつかない足取りで甲高い叫び声を上げるたびに、真っ白なジーンズとぴかぴかの靴が泥まみれになっていった。

最後に、私たちはここを訪れた最大の目的であるスタジオに着いた。そこには最高の機材ばかりが収められていたが、フレディとマイケル2人きりで使いこなせる楽器は限られたものしかなかった。フレディはピアノを弾くことになった。このセッションのきっかけは、マイケルがアルバム《ビクトリー》用の曲に何か趣向をこらしたいと思ったことに端を発していた。その場にはドラマーもいなければそんな私たちに扱えるドラムもなかったが、ドラム・マシーンを使いたくなかったマイケルはしばらく考えた末、トイレのドアをバタンと閉める音が理想の音に一番近いと判断した。そのため私は約5分間に渡ってリズムをとりながらトイレのドアを開閉しつづけた。ドアの開閉作業に参加していない時の私は、ジャネット、ラトーヤと一緒にビデオを観ていた。広いキッチンがあるというのに、昼間の2時頃地元のデリカテッセンから出前が届けられた。フレディと私にはコールドカットの盛り合わせが出され、マイケルはメロンを食べていた。それも10種類のメロンの盛り合わせだった。ふたりはその日の午後、3曲分のセッションを行った。それぞれの曲は〈ビクトリー〉、〈ステイト・オブ・ショック〉、そして3曲目はフレディのソロ・アルバム《Mr.バッド・ガイ》に収録された〈生命の証〉だった。マイケルが歌っている間、フレディはピアノに徹していたが、その間に自分の歌詞を考えていた。5〜6時間のセッションを終えて、私たちがマイケルの家を後にしたのは6時をまわった頃だった。帰りの車の中でフレディは、あれやこれやと感想を話しはじめた。フレディはマイケルとのセッションを通じて彼の仕事に対する姿勢には感銘を受けたようだが、家の趣味にはちょっとついていけなかったらしい。

「あんなに金をかけて、趣味が悪いなんてね。金の無駄遣いってもんだよ」

ミスター・バッド・ガイ

フレディはソロ・アルバム《Mr.バッド・ガイ》のレコーディングに取りかかった。ソロとして活動を続けていくことには興味のなかったフレディに、1枚きりのソロ・アルバムを出してくれるようなレコード会社を見つけることは相当難しいことだった。ジム・ビーチが発売元を探している間、フレディは自分で必要経費を出資した。だが、いざCBSとの契約が決まると、1枚きりのアルバムにしてはかなり高額の手付け金が支払われた。CBSとしてはオプションを見越した上での契約だった。というのもフレディは次の《バルセロナ》の構想を考えはじめていたからだ。

ミュンヘンに長期留まり、フレディは自らのベストとも考えられる曲の数々を作りあげた。フレディとマックの共同プロデュースによる《Mr.バッド・ガイ》はミュージックランド・スタジオで録音された。レコーディングを行っている間、フレディはマックとミュージックランド・スタジオで仕事をしていた小柄なアメリカ人シンガー、ジョー・デアを紹介された。彼女がフレディと彼の音楽をとても尊敬していると聞いたマックは、食事の機会をお膳立てした。自分と同じような茶目っ気溢れるユーモアのセンスを持った彼女にフレディはかなり好感を持ち、彼女のレコーディングに手を貸すことを快く承諾した。彼女はビリー・スクワイアのようにフレディが手を貸した数少ない同業者となった。ビリーの時と同じように、フレディは彼女のアルバムの何曲かでバックボーカルとして参加したり、彼女が行きづまった時には曲のアイディアを提供した。それは彼自身にとっても意義のあることだった。

レコーディングの間はスタジオの入っているビル内にあったアラベラハウス・ホテルに滞在した。

そこは味気ないコンクリートの打ち抜きの建物で、屋上からは飛び降り自殺をする者も少なくなかった。そこはクリエイティブな感性を触発してくれるような環境とは言いがたかった。あたりから漂ってくるアラブ料理の匂いにフレディは顔をしかめていた。というのも中近東からやって来た住人たちが自分の部屋に匂いがつかないようにと廊下に簡易式のストーブを持ちだして料理を作っていたからだ。スタジオに近いのは便利だったが、嫌気がさしてきたフレディは、まもなくミュンヘンの旧市街にあるヴィニーのアパートに越すことにした。そこはフレディのお気に入りのフリスコやニューヨークといったゲイバーにも歩いてすぐ行ける場所だった。

他人の部屋で暮らすのは、フレディにとって初めての体験だった。他の男と「普通」に暮らすというのは、どんな感じなのか、それを知る唯一の機会でもあった。私はふたりの部屋に毎日洗濯や片づけをしに通った。そうしたなか事件が起こった。「フレディの様子がおかしい」とヴィニーから連絡を受けたバルバラが、私に様子を見にいってくれと電話をよこしてきた。駆けつけてみるとフレディは意識を失いかけて、ひどく震えていた。私たちは彼の震えが収まり、意識が戻るまでしっかり抱えていた。医者を呼んでみてもらったところ、過剰なアルコールとドラッグの摂取が原因だと言われた。意識が回復してもフレディは何も話そうとはしなかったし、そんな発作を起こしたにもかかわらず無関心を装った。彼は自分の人生を流れるがままに楽しんでいただけなのだろう。

《Mr.バッド・ガイ》のレコーディングはクイーンのアルバムに比べれば短期間で完成した。それはひとつの方向性をひとりだけで掘りさげたからだった。概して、ひとりの作業には違う切り口を提供してくれる者もいなければ、ちょっと弱く見えたり間違いを指摘してくれたり、決断を批判してくれる者もいない。そうは言っても、フレディの作品は完璧でなければならなかった。その点をカバーできたのは、プロデューサーであるマックとエンジニアのステファン・ウィスネットがクリエイティブな面でしっかりとクイーンのメンバーの不在を補ってくれたおかげだと言うべきだろう。

アルバムには多様な曲がちりばめられているが、何よりもフレディが誇らしく思っていたのはその完璧なまでの重層的な編成だった。彼はすべてのヴォーカルとピアノを担当し、アメリカ人のフレッド・マンテルがシンセサイザーで重厚感をもたらしていた。マンテルはクイーンのツアーにもサポートのキーボード奏者として何度か同行したが、今回フレディは彼との間に更なる調和を築きあげた。リード・ギターなどを担当したのはポール・リード、ベースを担当したのはウィスネットだった。またメアリー・オースチンのボーイフレンドだったジョー・バットが〈男のパラダイス〉でフレットレス・ベースを披露した。〈明日なき愛〉はバルバラの事をモデルにして彼女と共作した作品だった。彼女の出演した代表作のタイトルを英訳すると『キス・ミー・ライク・ゼアズ・ノー・トゥモロウ（明日なきごとく口づけを）』という意味の作品があった。

余談だが、レコーディングがそろそろ終わりかけて、フレディと私がアメリカ行きの飛行機に乗っていた時、前の席にデヴィッド・ゲフィンが座っていた。彼はフライトの間時々後ろを振りかえっては、これ見よがしに小切手を開いて投げてよこした。そして、こう告げた「君にうちのレーベルで歌ってほしい。金額は自由に書いてくれ」。フレディは何も書かなかった。彼がペンを取らなかった理由は、クイーンというバンドと組織への忠誠心からだった。彼は自分が決してバンドを辞めることなどできないことを分かっていた。

カインド・オブ・マジック

'86年、クイーンの次作《カインド・オブ・マジック》のベースとなったのは、クリストファー・ランバートとショーン・コネリー出演の映画『ハイランダー　悪魔の戦士』のためのレコーディングだったが、流れとしては7月に行われたライブ・エイドでの成果が牽引したものだった。ライブ・エイドへの出演は、結果、クイーンの新しい冒険と創作意欲をかきたてる布石となったのだ。《カインド・オブ・マジック》の1曲目〈ワン・ビジョン　ひとつだけの世界〉は後に映画『アイアン・イーグル』で使用されたが、この曲のインスピレーションはライブ・エイド出演から得たものだった。フレディは最初ライブ・エイドに疑念を抱いていたが、意味と意義を知るとその趣旨に心から賛同した。そこから生まれたのが〈ワン・ビジョン～〉だった。アルバムに収められた〈リヴ・フォーエヴァー〉〈ギミ・ザ・プライス〉〈ドント・ルーズ・ユア・ヘッド〉〈プリンシス・オブ・ザ・ユニバース〉は『ハイランダー～』のサントラにも収録された。またライブでは観衆が喜んでコーラスで参加した〈心の絆〉も《カインド～》に収められた。この曲と〈喜びへの道〉はジョンとフレディの共同クレジットになっている。「フレディが手を加えてくれて良くなったのは事実だからね」とジョンが主張した結果だった。正直者で誠実なジョンはそうしないと気が済まなかったのだろう。

フレディとデイヴ・クラークの出会いの詳細は知らないが、先にプロジェクトを持ちかけたのはデイヴのほうだった。彼が監督したクリフ・リチャード主演の舞台『タイム』はロンドン、ウェストエンドのドミニヨン劇場で大ヒット中だった。デイヴにはサントラを作るプランがあったものの、舞台に出演しているキャストが参加したアルバムにはできないだろうと考えていた。というのも、レコーディングに当てられた日曜日は主演の休養日に当たっていたからだ。そこで彼が思いついたのが、有名なシンガーを迎えてレコーディングするというものだった。依頼を受けたフレディは3

曲に参加することになったが、うち1曲の出来がすばらしいと絶賛されたためシングルとして発売することになった。それがＥＭＩから発売された〈タイム〉だ。フレディ自身がサントラに登場するのはこれが初めてではなかった。'84年の前半にフリッツ・ラング監督の古典『メトロポリス』が新たに着色されて再映された際、音楽も新たに付けくわえられたが、その作業を行っていたマックのパートナーのジョルジオ・モロダーに上手く説得されて2曲歌うことになったのだ。〈ラヴ・キルズ〉は映画のサントラには入っているものの、フレディのアルバムには収録されていない。

フレディは他人の曲を歌うことにあまり興味を持っていなかったが、彼はデイヴとのセッションの間に、マイク・モーランと音楽的なパートナーシップを持つようになった。マイクはリンゼイ・デ・ポールとユーロビジョン・ソング・コンテストとの関わり合いのほか、ブルー・ミンクとの仕事で名を知られていた。ブルー・ミンクはメッサーズ・グリーナウェイ、コック＆マドレーヌ・ベルといったセッション・ミュージシャンたちが70年代に結成したバンドだ。彼は音楽業界の中でも紳士として名高く、キーボードに関してもすぐれたミュージシャンだった。彼はロンドンにおけるミュージカルの名だたる有名人と仕事をしていたし、テレビ用の曲も多く書いていた。そんなマイクがフレディに出会ったのはＥＭＩのアビー・ロード・スタジオで、〈タイム〉のセッションにキーボードを加える作業をしていた時のことだった。

フレディはいつも共鳴しあえるような相手が必要だと思っていた。マイクとの親交の間にはどちらがボスだとかいう関係はなく、互いの異なった才能と能力を尊敬しあっていた。ある年の誕生日、フレディは彼からひとこと「ハッピー・バースデイ」とだけ書かれたカセットテープをプレゼントされた。そこに入っていたのは普通のバースデイ・ソングを6通りのアレンジで弾いたもので、フレディはマイクが織りなす技に舌を巻いた。ふたりは同時代に音楽業界入りし、キャリア的にもほとんど同じだった。フレディが大きな人気を博していた時、マイクは大物アーティストたちの頼みの綱となって陰で彼らを支えつづけていた。

そんな彼らふたりのパートナーシップの広がりが新たな作品〈ザ・グレート・プリテンダー〉を生んだ。この曲は'87年の前半にハートフォードシャー州ラドレットにあるマイクの古い家に作られたスタジオで録音された。ある日の午前中、フレディはピーターと連れだって私たちに行き先も告げず出かけてしまった。その夜遅く帰ってくるなり、フレディは興奮しながら、出来上がったばかりのテープのコピーを取りだすと、みんなにラフ・ミックスを聴かせた。曲を聴いた者は全員「これはいける」とふんだ。〈ザ・グレート・プリテンダー〉は3月にリリースされ、イギリスの国内チャート5位にまで上昇するヒットとなった。

バルセロナ

話は'81年に遡るが、フレディはオペラ歌手ルチアーノ・パヴァロッティのようなテノールの声になりたいと真剣に考えていた。彼はいつもテノールの歌い手の「声をコントロールする技術」に驚嘆し、音域の点からオペラに強い興味を抱いていた。'81年の1月、私はパヴァロッティの公演がコベント・ガーデンのロイヤル・オペラ・ハウスで行われることを知ってフレディに観にいくことを勧めた。彼は初めてオペラを体験することになった。席に着くと私はその晩の演目、ヴェルディのオペラ『仮面舞踏会』の簡単な概要をフレディに説明した。彼は敬愛するパヴァロッティを初めてライブで聴けることにすっかり興奮していた。フレディはライブ・バージョンとスタジオ・バージョンを区別して比較できるよう気を使っていたが、オペラでは生と録音ではどう違うのか興味津々だった。客電が落ちて舞台が始まった。恋する気持ちをいさめようとするヒロインが薬草を求めてジプシーの占い師の元を訪ねてくるシーンに変わり、ソプラノの歌声がヒロインの登場を告げた。わずか3人ばかりのトリオで歌われた曲だったが、そのソプラノは存在を強く印象づけるものだった。フレディは呪文にかかったかのように舞台をじっと見つめたまま聴いていた。ソプラノの歌い手は、才能と音域そして力強さを余すところなく発揮し、その美声は劇場内にこだました。口をあんぐり開けボーッと眺めていたフレディだったが、歌声がやむと、大喝采を送った。拍手が鳴りやむとそこがオペラ劇場であることをすっかり忘れたかのような大声で、しどろもどろになりながら私に質問を浴びせた「あのソプラノ歌手はいったい誰だい？　彼女、何て名前さ？　なあ！」。私は答えた「モンセラ・カバリエだよ」。

私が'75年に初めてオペラ・ハウスの仕事に就いた時、『トロヴァトーレ』でヒロイン、レオノーラ役を演じていたのがモンセラだった。彼女の歌声にすっかり魅了されたフレディはスタジオにレコードを持ちこんで大音響で聴いていた。彼はそれまで女性の歌声にはあまり興味を持っていなかったが、モンセラの様々な作品を聴きまくって彼女の声への憧れを募らせていった。

だが、その事実は'86年まで公に知られることはなかった。クイーンがスペイン・ツアーを行った時のこと。スペイン・ラジオの番組でインタビュアーに「どんな歌手を尊敬しているか？」と尋ねられたフレディは、アレサ・フランクリンやマイケル・ジャクソン、プリンスといった大方の期待を裏切り、モンセラの名を挙げて周りをびっくりさせた。インタビューはたまたまバルセロナで録られたのだが、カタラン人である彼女の名前を挙げたのは決してお世辞なんかじゃないことをフレディは強調した。それからまもなく、今回のスペイン・ツアーのプロモーター、ピーノ・サグリオッコと、その彼に話を持ちかけられたモンセラの兄弟でありマネージャーをしているカルロス・カバリエがフレディ・サイドにアプローチしてきた。だがフレディは、嬉しさよりもむしろ少し怖れさえ感じていた。自分が長年憧れつづけてきた人物への作品提供を依頼されたのだ。彼にとってそれは、新境地だった。逡巡した末、フレディはジム・ビーチと私の説得に折れる形で、その申し出を受けることにした。

フレディがアイディアをまとめたものを前もって伝えると、モンセラは親切にも自分の舞台の模様を収めた一般には未公開のビデオ・クリップ集を選りすぐって送ってくれた。そのお返しにフレディも最新作の〈ザ・グレート・プリテンダー〉までのコレクションを送った。フレディは内心モンセラと仕事をしたくてたまらなかった。自分の持ちうるすべてを尽くして彼女の限界を押しあげたかったのだ。

プロジェクトを始めるにあたって最初に名前が挙がったのはマイク・モーランだった。フレディとの親交は深まっていたし、フレディ自身この天才的な紳士が一緒なら仕事もやりやすいだろうと考えた。マイクとの共同作業によってまず3種類のラフ・トラックが出来上がった。それらのうちの1曲が〈エクササイズ・イン・フリー・ラブ〉という曲で、後に〈エンスエニョ〉というタイトルでアルバムに収められた。他の2曲は〈フォールン・プリースト〉のひな型になった曲と、〈ガイド・ミー・ホーム〉に近い曲で、マイクはフレディがファルセットで歌った声をモンセラのパートに似せて処理した。

フレディは数週間かけていくつかアイディアの核になるものをテープに収めた。'87年の3月フレディ、モーラン、ジム・ビーチ、運転手兼ボディ・ガードのテリーと私は約束の前日にバルセロナへ赴き、ミーティングの場となるリッツ・ホテルに宿をとった。その日の夜、モンセラはバルセロナ郊外でリサイタル中だった。モンセラがバルセロナに滞在していることは稀だった。彼女はフレディと同じようにワーカホリックといってもいいほどの仕事好きで知られていた。

まさに眠れぬ夜が明けた翌朝、私たちは全員フレディの部屋に集まった。この朝ほど落ちつきのないフレディを私は見たことがない。ランチ・ミーティングへ向かうエレベーターで、フレディはまるで刑場に引かれていく囚人のようですらあった。「ねえ、お願いだ。もう僕は耐えられない。うちに帰ろうって……」そんなことまで言う始末だった。

約束は午後1時だったが、私たちは約束より5分前には会合がもたれる部屋に到着した。ガーデン・ルームにはグランドピアノとオーディオが準備されていた。巨大な円卓の自分の席に座るなり、フレディはタバコを吸いはじめた。2箱持ってきていたタバコはあっという間にかなりの本数が減っていた。吸うというよりふかしては、次のタバコに火をつけたからだ。席を立って2、3分ごとにドアの所へ行っては、モンセラが来たかどうかを確かめるのが私の役目だった。そして様子を見に行った3度目、まるでスペインの春を彷彿とさせるような美しい色の膝丈のワンピースを着たモンセラがお付きの人々を後ろに従えて現れた。カタロニア文化の究極の象徴にも等しい彼女は、このバルセロナでは女王以上の存在だった。自分の憧れつづけていたアイドルと対面するフレディに、心の準備などできているはずがなかった。観音開きのドアが開き、モンセラが部屋の中に入ってくるとフレディは椅子から飛びあがって握手を交わした。自分の隣の席を彼女に勧めて「初めまして、フレディ・マーキュリーです。では仕事を始めましょうか」とシンプルに挨拶をすませて席に着いた。われわれと一緒にランチに臨んだのはマネージャーのカルロス、プロジェクトの発案者であるサグリオッコ、それにモンセラの姪モンツィだった。

しばらくの間、フレディとモンセラは互いを観察しあっている様子だった。しかしルイス・ローデラー・クリスタルのシャンパンで乾杯をかわした後、自分が勧めたシャンパンをモンセラがとても気にいってくれたことが分かり、一気に緊張がほぐれていった。後日フレディは彼女の誕生日にこのシャンパンを1箱プレゼントすることになる。最初のうちこそぎこちなかったものの、5分ほどすると互いにいたずら心溢れるユーモアを交えながら歓談しはじめた。10分ほどして私は用意してきたテープを流した。曲が終わると巻きもどしてはまたプレイボタンを押し、何度かテープを回しつづけた。最初にかけた時は全員が静かに聴いていたが、2回目に気にいった箇所に対するコメントが加えられると、他の人々が相づちを打ちながら口を挟んだ。フレディとモンセラはこの3ヶ月の間話したいと思っていたことを、この3時間に集約させてコミュニケートしようと必死だった。モンセラはフレディに、リハーサルがあるので3時間しか時間がさけないことをあらかじめ話してくれていた。食事が運ばれてきた時には、もう2時半を回っていた。

当初フレディは、テープに入っている曲の中からシングルのA面とB面になり得る2曲をしぼりこむことを念頭に考えていた（この時点ではまだ〈バルセロナ〉は存在していなかったが）。しかし食事も半ばすんだ頃、フレディの口から「アルバム」という言葉が出てきた。するとモンセラが尋ねた「『アルバム』って、どういう意味なの?」。フレディは答えた「あなたもご経験があるでしょう。8、9曲を収めた1枚のレコードのことですよ」。すると彼女は言った「分かったわ。それを作りましょう、『アルバム』をね」。という経緯でふたりのプロジェクトは倍の倍に膨らんだ。とはいえ、フレディ自身、十分に満足のいくアイディアを思いつけるかどうか確たる自信はなかった。

食事を終えるとモンセラは「〈エクササイズ〜〉を歌ってみたい」と言って、あまり時間がないにもかかわらずマイクと一緒にピアノに向かった。やがて彼女はリサイタルのリハーサル後にもう一度戻ってくることを決め、それまでの4時間ほどの間にマイクがテープの曲を譜面に書きおこしておくことになった。そして時間通りにモンツィと一緒に戻ってきたモンセラは〈エクササイズ〜〉がどうすれば自分の声にマッチするか数時間かけてチェックした。マイクがすっかりヘトヘトになるほど彼女は集中し励んだ。そして、帰る際にはしっかり譜面を持ちかえった。私たち一行は心地よい疲労の体でロンドンへ戻った。興奮さめやらぬフレディはロンドンに着くなり、ゴールドホーク・ロードにあるタウンハウス・スタジオに直行し、すぐさま仕事に取りかかった。

その週末、モンセラがコベント・ガーデンでリサイタルを開くためにロンドンにやってきた。彼女はフレディをリサイタルに招待した。フレディ、マイク、ジム・ハットン、ジョー・ファネリ、私を含む6人ほどで会場へ向かった。ショーが終わりに近づいた時、マイクが不意に「悪いけど手洗いに行かせてもらうよ」と言って席を立った。フレディは怪訝そうな顔をした。本編が終わり、アンコールが始まった。ステージのモンセラが拍手を鎮めてこう話しはじめた「ではここからピアニストを変えようと思います。これからお聴かせする曲はみなさんの前で披露するのは初めてです。この曲を書いてくださった方はきっとみなさんもご存じでしょう。偶然にも……あちらにお見えです！」。彼女はフレディを指ししめした。その時マイクがステージに歩みでていた。フレディはあっけにとられていた。モンセラに促されたフレディはその場で立ちあがり、遠慮がちにお辞儀をした。次の瞬間、あわてて椅子深く身を潜めた。そしてモンセラは〈エクササイズ〜〉を歌いはじめた。

彼女はフレディに内緒で曲を練習していたのだ。フレディは自分の書いた曲が、こんな由緒あるホールで演奏される日が来るとは夢にも思っていなかった。

リサイタルが終わると、フレディはすぐさま自宅へ戻った。モンセラをディナーに招待することになっていたからだ。彼女をフレディの自宅に案内するのは私の仕事だった。モンセラは、いつものように楽屋の前でファンにサインをするのをとりやめて、彼女流の「金をかっさらって逃げる」作戦を実行するはずだった。しかし200人ほどのファンに楽屋口の通路を見つけられたことと諸事情によって、実際に彼女がオペラ・ハウスを出られたのは1時間半後のことだった。

真夜中、私たちはようやくガーデン・ロッジにたどり着いた。あまりに来訪が遅れたため、フレディはキッチンをウロウロしながら、約束を反故にされたのかとやきもきしていた。食事の後、モンセラはタバコに火をつけると、「仕事の進み具合はどうですか?」とフレディに尋ねた。フレディはまだそれほど進んでいないことを正直に告げた。マイクもその場に居合わせたため、部屋に鎮座する〈ボヘミアン〜〉を作曲したというピアノで今あるアイディアを弾いて聴かせてもらえたらうれしいと彼に頼んだ。そこでマイクによるマンモス・セッションが始まった。モンセラは翌朝8時半の飛行機で発つことになっていたにもかかわらず、セッションは5時間にもおよんだ。

オペラのスケジュールが5年先まで決まっていたモンセラとフレディが一緒に仕事ができるのは

数ヶ月の制作期間のうちひと月あたり2日ぐらいしかなかったため、アルバムづくりのほとんどをフレディがひとりで行わなければならなかった。フレディはモンセラの声以外のトラックをレコーディングし、自分の声のトラックにファルセットで彼女用のガイド・ボーカルをかぶせた。2曲分作業したものをボーカル・パートの譜面と一緒にモンセラの手元に送って、彼女がロンドンに来るまでに見ておけるようにした。アルバム1曲目は〈バルセロナ〉で決定していた。オリンピック開催のちょうど4年前となる'88年、オリンピック旗がバルセロナに到着することになっていたため、それまでに曲を仕上げる必要があった。そしてロンドンにやってきたモンセラとともにスタジオ入りし、〈バルセロナ〉のボーカル・テイクを録った。フレディは喜びのあまり小躍りしながらこう言った「彼女の声をテープに収めたぞ。あの声をもらえたんだ!」。〈バルセロナ〉はそこが彼女の故郷であるだけではなく、人々のスピリットを体現したモンセラに対する賞賛の気持ちを表現した曲だった。テープを幾度となく聴きかえしながら、フレディはモンセラのすばらしい才能に感嘆した。

だが、彼女に対する気持ちが畏敬の念へと変わっていくにつれ、ますます話しづらくなったようだ。彼女へのメッセージは私を介して彼女に伝えるようになった。しかし、それでふたりの関係が気まずくなるようなことはなかった。完成した〈バルセロナ〉にはモンセラのメロディーにトリルをいくつにも重ねて歌っているパートがあるが、そのような唱法は以前の彼女の歌には見られなかった。

「スリリングだったわ」とモンセラは語っていた。

フレディは先のバルセロナでの会合前に〈エンスエニョ〉をモンセラのための曲として彼女に渡してあったが、今回いっしょにスタジオ入りした際「この曲に歌詞をつけていただけませんか」と依頼していた。フレディにとって歌詞を人に依頼することは、自ら歌詞を書きあげることよりプレッシャーのかかることだった。出来上がった〈エンスエニョ〉で、モンセラはフレディのボーカルに注文をひとつつけた。普通歌っているポップスやロックの一般的なボーカル・レンジとして半強制的に作ったテノールではなく、彼本来の声の自然なレベルに合ったバリトンで歌うことを望んだ。フレディはボーカル・レッスンの大切さを改めて実感したものの、レッスンを受けたことのなかった彼には最後まで声量をコントロールする技術をマスターすることはできなかった。とはいえ、「フレディはすばらしい喉をしていた」とティム・ライスも語っていたとおり、自らにそんな声が生まれつき備わっていることは理解していた。しかし、フレディはそれをひけらかしたりすることはなかった。

〈ラ・ジャポネーズ〉は、フレディにとってこの世で最も美しい宝である日本のものすべてに対して愛情を表した曲だ。彼は歌詞の和訳を自分とモンセラが正しい発音で歌えるように書きおこしてくれるように日本語の翻訳者に依頼した。〈フォールン・プリースト〉はライスによるシアトリカルなナンバーだが、そこには彼のオペラと舞台への愛が反映されており、フレディにとっては〈ボヘミアン～〉と並ぶオペラチックな曲だといえる。アップビートな〈ゴールデン・ボーイ〉〈ガイド・ミー・ホーム〉〈ハウ・キャン・アイ・ゴー・オン〉にはゴスペルに対する思い入れと、作詞作曲に対して私的な深い思いが込められている。フレディには他にもモンセラと一緒にこのアルバムでやってみたいと思っていたアイディアがいくつかあった。そのひとつがオッフェンバッハの『ホフマン物語』に収められている「ラ・バルカロール～ゴンドラの歌」をやることだった。だが、モンセラのスケジュールが詰まっていたため叶わなかった。モンセラは個人的にアップビートの曲が収められたB面のほうが気にいっていた。彼女にとっても新境地を切りひらくワクワクするような体験となった。完成した〈ハウ・キャン・アイ・ゴー・オン〉を初めて聴いた時、モンセラは感極まった様子で頬に涙した。彼女の歌声にかぶせたフレディのセンチメンタルな語りのためだった。それを見たフレディの目にも涙が浮かんでいた。このアルバムはまさに本当のフレディ・マーキュリーが映しだされた、自伝的な要素を垣間みれる作品だった。それまでのクイーンが彼の子供時代の遊び仲間だとすれば、《Mr.バッド・ガイ》《ザ・グレート・プリテンダー》という反抗的な十代があって、《バルセロナ》は成長した一人前の男だといえた。彼はよく「《バルセロナ》が最後の仕事になるかも」と言っていた。彼は自分の身体が蝕まれつつあることに気づいていたのかもしれない。

ミラクル

《バルセロナ》によって新たに多くのものを引きだされ、自分の中にまだまだ眠っている音楽があることに改めて気づいたフレディは、クイーンとして再びレコーディングに向かうこととなる。《ザ・ミラクル》は'88年から'89年にかけて制作された。バンドはレコーディングに心血をそそぎ、結果的にはこのアルバムから5枚のシングルがカットされたが、そのうち4曲はトップ20入りを果たした。ある意味、それは本当に奇跡的なことだった。

このアルバムは収録曲すべてのクレジットが個々のメンバーではなく「クイーン」で統一された初のアルバムとなった。そのため、諍いは少なくなったものの、なくなったわけではなかった。メンバー間の関係は、さながら結婚生活に似ていた。たとえば、ひとりが癇癪をおこしてその場から出ていってしまうと、誰かが間を取りなし、よりを戻させて良い方向へと向かうように。クレジットの表記が変わったからといって、クイーンは彼らがそれまで続けてきた仕事の方法を基本的に変えることはしなかった。

この頃、周囲の人間の大半がフレディの健康状態の異変に気づきはじめた。「フレディは自分を燃えつきさせようとしてるんだろうか」。アルバム制作のことよりも、われわれは彼の身体について話をしていた。当時、フレディがＨＩＶに冒されているのではないのかという疑いは至る所で囁かれていたが、真相は誰も知らなかった。'91年11月23日、フレディが自らエイズに感染していることを公表するまでは。彼が何らかの病に冒されているのは誰の目にも明らかだったにもかかわらず、フレディはレコーディングのスケジュールを頑として変更しようとしなかった。

フレディはモントルーでのレコーディングの際、ホテルに泊まらずに、やがて「アヒル小屋」と呼ばれるようになる、仲間たちしか知らない家を借りていた。名前の由来は羽根飾りをつけたアヒルや木彫りのものが至る所にあったからだ。そこはモントルーのジェネヴァ湖畔にある美しいヴィラだった。かつては退屈だと言っていたこのアルペンの麓にある街の穏やかさと静けさを、フレディはこよなく愛するようになった。「街のどこかに永住する家を買いたい」と言ってみんなを驚かせるほどだった。ジム・ビーチがモントルーに家を持っていたため、手頃な家を探す話はトントン拍子に進んだ。

そして'90年、フレディは自分に残された時間がそう多くないことを受容した。彼は命の炎が尽きるまで曲を書き、歌えるかぎりレコーディングを続けようと決意した。《イニュエンドウ》の制作がはじまった。レコーディングは再び、ロンドンとモントルーで行われた。ロンドンで使用したのはチズウィックのメトロポリス・スタジオだった。モントルーではコントロールルームとスタジオのやりとりはすべて音声マイクとビジュアル・モニターを通じて行っていた。フレディはプロデューサーの様子をガラス窓越しに見られれば、レコーディングが楽になると考えていた。

フレディは毎回その日の仕事を収めたカセットを興奮して家に持って帰ってきた。われわれが眠っていると、みんなを起こしては聴かせてまわった。彼は自分のすべてをアルバムに注いでいた。憔悴しきってベッドに倒れこんでしまうようなことになっても構おうとしなかった。私たちはハードな仕事が彼の身体に障って命に関わるようなことになってはと心配したが、彼は「構うもんか!」と一蹴した。アルバムに取りかかって以来その完成を見るまで、誰もフレディのことを止められなかった。その昔、フレディは王立音楽アカデミーピアノ科の試験で3か4という評価しか得られなかったが、とにかくこのアルバムにはベストなものを入れたかった。

《イニュエンドウ》の中には、一聴しただけでフレディの作品だと分かるものが4曲ある。〈神々の民〉〈狂気への序曲〉〈バイユウ〉、それに一番お気に入りの愛猫のことを歌った〈愛しきデライラ〉がそれだ。もし「デライラ」が何者なのか知らなければ、「彼のチッペンデールの高級家具におしっこを引っかけるような女性とは!?」と歌詞にショックを受けるに違いない。〈狂気への序曲〉の曲を家に持ちかえった際、フレディは歌詞に頭を悩ませていた。そして、それから3~4時間ほど言葉探しに集中していた。また〈神々の民〉は彼の大好きなゴスペルを意識して作られたものだ。

多くの人間が、〈ショウ・マスト・ゴー・オン〉はフレディが自らの事を予言した歌だと考えた。しかし、時に歌詞や言葉に元々何の意図がなくとも、ある事実によってひとつの意味が押しつけられることがあるものだ。〈ショウ～〉もそうしたものの典型的なひとつだといえた。

《Mr.バッド・ガイ》《バルセロナ》ともにクイーンのアルバム並みの成功を収めたとは言い難い。とはいえ、フレディは気に病むことはなかった。自らの才能のすべてをかけて臨めるスタジオは、フレディにとって魅力あふれる仕事の場だった。いったんスタジオやコントロールルームに入るや、そこが彼の世界だった。

第3章：プロモ・ビデオ

先駆的かつ革新的

クイーンの〈ボヘミアン・ラプソディ〉のビデオは、ビデオ制作の分野がまだ確立していない当時に作られた、先駆的な作品として広く認知されている。クイーン、なかでもフレディはビジュアル的な要素に関して注目されることを常に意識していた。クイーンのプロモーション・ビデオは1作ごとにより革新的かつ注目に値するものでなければならなかった。

バンドがスタジオで撮影に入る際、最新設備のついたゴージャスな楽屋やら、食堂や仮設食堂（キャンティーン）が提供された。また衣装やメイク、リラックス用など様々なキャラバンが、トレーラーとの間にずらりと並んだ。撮影がイギリスの国内で行われる時は、スタジオ側から何を出されようと、フレディはいつも自分用のケータリングを用意していた。

私が初めて立ちあったのは〈セイヴ・ミー〉の撮影だったが、飲み物やブラシを持ってうろちょろするだけで、大したことはほとんどしなかった。もちろんビデオのコンセプトについても黙っているしかなかった。ライブ・カットにおけるフレディが鳩を捕まえようとするシーンはフィンズレー・パークのレインボー、もう1ヶ所はアレクサンドラ・パレスで収録され、その後アニメーションが加えられた。〈プレイ・ザ・ゲーム〉においてもビデオの制作会社が契約した衣装会社が入っており、まだメンバー全員の衣装担当をしていた私に出番はなく、セットには立ちあっていない。〈地獄へ道づれ〉は全米ツアーの最中、本番のステージ前に撮影を行った。基本的にはバンドの演奏シーンを6回撮っただけだったが、たまたま違うキャップを間違えてかぶって写ってしまったことからフレディは、キャップとベストを毎回替えて、最後のシーンではカットごとにコスチュームが切りかわるようにした。牛の角など飾りの付いたトレンドなベースボール・キャップがフレディの遊び心を表現している。

〈フラッシュ・ゴードンのテーマ〉の撮影は、私がクイーンと一緒に働く以前に完成していた。デヴィッド・ボウイとの共作〈アンダー・プレッシャー〉では、ボウイとクイーンが一堂に会してビデオ撮りすることはスケジュール的に難しかったため、記録映像の中から持ってきた様々な緊迫する社会情勢を収めた場面をモチーフに作られた。

〈ラス・パラブラス・デ・アモール（愛の言葉）〉のビデオは、テレビ番組『トップ・オブ・ザ・ポップス（TOTP）』での演奏シーンが用いられた。この曲に関しては正式なプロモ・ビデオは作成されなかったし、また演奏されたのもこの時しかない。『TOTP』の番組ディレクター、ゴードン・エルズベリーとフレディは仲が良かった。そのため、普通出演者たちは丸々1日、スタジオに拘束されることが常だったが、クイーンの場合はリハーサル直前午後5時のスタジオ入りが認められた。それでも実際に演奏を始めるまでには、1時間ほど待たされたが。

〈コーリング・オール・ガールズ〉でメンバーは全員白の衣装で登場する。撮影が行われたのはウォンズワース・ブリッジ近くのスタジオだった。私はジョージ・オーウェルの小説『1984年』へのオマージュのように感じた。「偉大なブラザーは見ている」という物語の節は有名だが、このビデオではコンピュータ社会に対する懐疑がテーマになっている。映像内容は、ロボットの警官たちが現れてフレディを捕まえて虐待を加えようとするもの。鉄格子に閉じこめられた彼を他のメンバーたちが助けだそうとコンピュータを破壊する。どことなくフレディが見た夢の具現化というふうにも見れなくもない。全体的にどこか奇抜な感はあるものの、当時の世相を反映した作品だった。

〈ボディ・ランゲージ〉は放送禁止になった作品で、撮影は'82年の4月に行われた。当時、私はフレディの専属アシスタントになっていた。このビデオの撮影を通して、フレディがいかに彼らの映像作品に寄与しているのかを私は初めて知った。ディレクターが取りいれたのは、ほとんどフレディの案そのものだったからだ。フレディは撮影の初期段階から深く関わっており、サウナのシャワーでセクシーなダンスを踊りつづける大柄な黒人の女性たち、特にグリーンのサテンとスパンコール姿でケーキの中に飛びこむ女性など、クリップに登場するキャスティングの決定にも立ちあった。

ケーキの撮影ではケーキがひとつしか用意されていなかったので、一発撮りで決めるしかなかった。フレディは『ソリッド・ゴールド』という有名な番組で注目を集めた、ロスを基盤に活動していたダンサーのトニー・フィールズの起用を主張した。『ソリッド〜』はイギリスでいう『ＴＯＴＰ』のような番組だったが、フィールズは踊り上手な番組のダンサーたちの中でもピカイチだった。キャストやクルーの大半はロスで雇った人々だったが、撮影は2日間の日程でトロントで行われ、安く上げられた。フレディが手首に巻いていたネッカチーフは、スウェットバンドとともにステージでも時々巻いていたものだが、それは彼の膨大なコレクションのなかのひとつだった。「内に秘めたセクシーな感情を呼びおこす」というフレディのコンセプトは、現在の尺度からすれば特に過激には見えないだろう。しかし当時は、検閲の矢面にさらされ、放送禁止の決定が下ったため修正せざるを得なかった

〈バック・チャット〉のビデオは、どうひいき目に見ても2流作品としか言いようがない。フレディは自前の白いつなぎを着て、水浸しになった工場の中でピストンの軸の周りを飛びまわっている。その姿はニューヨークのクラブ、アンヴィルにたむろしていた、後にヴィレッジ・ピープルのメンバーになるフェリペ・ローズを連想させる。フレディの近くにいるのはダンサーやいろいろな身振りでパフォーマンスする人々だけ。他の3人のメンバーは困惑したように彼らから距離を置いて眺

めている。メンバー3人にしてみればフレディが何を表現しようとしているのか解する術もなく、意識が別なところにいっているのは画面からも窺いしれる。そこに、《ホット・スペース》で試みたフレディのディスコティックなアイディアに対するメンバーの違和感が如実に表れている。

〈Radio Ga Ga〉は、ジョルジオ・モロダーが手がけていたドイツの伝説的な映画監督フリッツ・ラングのサイレント映画『メトロポリス』の復刻版のサントラに、フレディが参加した副産物だ。時代設定を第2次世界大戦時にしたうえで『メトロポリス』のカットが挿入されているが、なかでもロボットの顔をフレディに置きかえたシーンやメンバーが空飛ぶ車に乗った近未来ふうの場面は出色の出来だといえる。ビデオ撮影は2日間で行われた。まず1日目はセント・ジョーンズ・ウッドのカールトンTVスタジオだった。ここでの撮影はフレディと親交の深かったデヴィッド・マレットが監督を務めた。彼はフレディのアーティスティックな素養をいちはやく感じとっていた。メンバーが身につけた革のパンツに赤のバンデージといった衣装は監督から紹介された衣装デザイナー、ダイアナ・モーズリーの手によるもの。メンバーはほぼ1日中楽屋に待機させられた。空を飛ぶシーンの撮影は、ブルー・スクリーンを背景にした車に乗りこんだもので、高層ビルの上空から下界を見下ろしている場面は後から特殊効果として加えられた。本編内に彼らの古いビデオ・クリップのワン・シーンが散りまぜられるようになったのはこの作品からだったが、過去と現在の姿を織りまぜて見せることによって将来の可能性を示すものとなった。そして、2日目はシェパートン・スタジオでファンクラブの会員たちに労働者や崇拝者たちの役を演じてもらった。会員たちの手拍子のシーンは今やクイーンの伝説のひとつと言っていい。撮影の時にメンバーが「何かがうまくいっていない」と感じると、ファンの会員たちはそれをすぐ察知して一生懸命リハーサルし軌道修正した。その数年後、ライブ・エイドで〈Radio Ga Ga〉を演奏した時のフレディの驚いた様子は忘れられない。ステージから呼びかけたり合図をしたわけでもないのに、コーラスの部分が始まると観客たちが一斉に手拍子を始めたのだ。おそらくこの曲が紹介される時、使用されるのはライブ・エイドとウェンブリー公演からの映像だろう。

〈ブレイク・フリー（自由への旅立ち）〉はライムハウス・スタジオで3日間かけて撮影された、マレットのもうひとつの傑作だ。初日撮影したのはテレビ・ドラマ『コロネーションストリート』のパクリ・シーンだった。フレディは決してドラマ好きではなかったが、『コロ』だけは時間が合うと必ず観ていた。そのためフレディがビデオで演じた役はベット・リンチがモデルになっている。ベットは金髪だったが、フレディは同じオマヌケに見せるなら黒のほうが自分には合っていると黒いカツラをかぶることにした。撮影に際し、5.5インチほかいろんな高さのハイヒールを取りそろえておいたが、結局は2インチのものに落ちついた。しかし、いざそれを履いてみると、フレディは歩くこともままならなかった。なんとか歩行練習するうち大丈夫になったが。ブライアンの役はこれまた『コロ』の中でいつもパーマのロットを巻いているヒルダ・オグデンが元になっていた。ロジャーは典型的なセント・トリニアンズの6年生の女の子、そしてジョンの役はエクスプレス紙に掲載されていた人気漫画に登場する「おばあちゃん」にそっくりだった。メンバー全員、女装する演技を大いに楽しんでいた。だが、この女装のシーンはアメリカでのクイーンの支持にマイナスに作用した。当時のアメリカの一般大衆や一部の業界関係者は、大の成人男性が女性の服を着ることに嫌悪感を示した。フレディは時々、パブやライブでステージ衣装として女装を楽しむことはあっても、ドラッグ・クイーンに興味はなかった。自宅で女装するようなことはなかったし、派手なパーティを開いたとしても彼がステージ衣装以外に奇抜な格好で人前に出ることはなかった。

2日目の撮影では、〈Radio Ga Ga〉の時同様にファンクラブの会員たちが頭に懐中電灯をつけた炭鉱夫として登場することになった。中性的なボイラースーツを着たファンたちは慣れない仕事に四苦八苦だったが、彼らのヒーローが側で見ていることを励みに、一生懸命演じた。勇気を振りしぼってバンドの所にサインをもらいにくるファンは意外に少なかったが、来た彼らに対してメンバーたちは快くサインをしていた。マレットとクイーンの多数の仕事の中でも、このビデオはキャストや裏方などハリウッド並みの数の人員を要した作品だった。炭鉱の場面でフレディは上半身をはだけているが、そんなシーンの撮影の時には、どんな時でもジョーか私が側でブランケットを持って待機して「カット」の合図があると彼の所に走ってもっていった。スタジオの広さや撮影の季節を問わず、彼は寒がりだった。

フレディは決して自分を俳優だとは考えていなかった。ビデオを作ることはあくまでもレコード作りの延長線上にあったのだ。

3日目はロイヤル・バレエ団のプリンシパルダンサーやソリストを筆頭に団員たちとの共演だった。バレエの場面は当時センセーショナルな話題を呼んだプリマのブリオニー・ブリンドとフレディの友人でもあったウェイン・イーグリングがフィーチャーされた。イーグリングはこのシーンの振り付けも担当した。彼はいろいろなものからインスピレーションを得たが、この場面冒頭で見られるパンの笛のシーンは『牧神の午後』が元になっている。フレディの耳の形が少しばかり尖っていて、『スター・トレック』のミスター・スポックみたいな耳をしていたことから思いついたらしい。場面冒頭の部分に映る手と髪はソリストのゲリ・タップハウス、フレディが足を支え逆さまになってターンをしたり、場面の最後にモヤの中に一緒に消えていくのがブリンドだ。

だが、このバレエのシーンが法的なトラブルを引きおこしてしまう。イーグリングの振り付けに対して、有名な振り付け師ケネス・マクミラン卿が自分の振り付けた『春の祭典』に酷似していると指摘したのだ。その振り付けに関しては様々なことが証明され、今ではクイーン・プロダクションがある程度の金額をマクミラン卿の慈善団体、コレオロジー財団に寄付している。

ショウ・マスト・ゴー・オン

〈永遠の誓い〉はティム・ポープによって監督された。彼は〈アイ・ウォント・トゥ・ビー・ア・ツリー〉というシングルをリリースしたことで有名になったが、フレディの奇想天外なアイディアを表現するには適任だった。撮影が行われたのはミュンヘンの中心地にあるアリ・スタジオ。このビデオはオペラ『パリアッチ（道化師）』のように始まるが、それは超現実的なファンタジーを作りあげるのに効果的だといえた。ごてごてした宮殿のセットにいるフレディ。その衣装には目玉が後ろまで縫いつけられており、まるで「巨大なエビ」を思わせた。劇中、フレディのミュンヘンの友人たちが数多く登場する。バルバラ・ヴァレンティンが魅惑的な女性を、ラインホルト・マックの妻イングリッドが倒錯的なバレリーナを演じ、レベッカことカート・ラーブも出演。終わり間際、緋色の階段に座りこむシーンでフレディは痛めた右足をかばっている。この年、フレディはニューヨーク・バーで右足の膝を痛めていた。撮影の最終日、フレディの親しい友人たちはかなり遅くまでスタジオに残ってウォッカやシャンパンを飲んでいた。

〈ハンマー・トゥ・フォール〉に収められたライブ・シーンは'84年8月に行われた「ワークス・ツアー」ブリュッセルからの公演の映像で、監督はデヴィッド・マレットが務めた。また〈ラヴ・キルズ〉はフレディが『メトロポリス』のために書きおろしたもので、映画の場面しか使われていないビデオとなった。

フレディのソロ・アルバム《Mr.バッド・ガイ》からのビデオ・クリップ、〈アイ・ワズ・ボーン・トゥ・ラヴ・ユー〉〈メイド・イン・ヘヴン〉〈リヴィング・オン・マイ・オウン〉はすべてミュンヘンで作られ、スケジュールを管理したのはジョー・ファネリだった。〈リヴィング～〉で挿入されているのはミュンヘンで行ったフレディの「白黒バースデイ・パーティ」の様子だ。天井にカメラを設置して、その晩やって来た人々を撮影している。その2日後にもミセス・ヘンダーソン・バーで撮影が行われ、再びフレディの友人たちが同じ衣装とメイクをつけて集った。

ロンドンのロイヤル・アルバート・ホールで行われたファッション・エイドではすばらしい映像が撮られた。フレディは太めの銀の鎖と肩章のついたミリタリー風のチュニックに、サッシュを巻いた濃いめのパンツを履いていた。それらはダイアナ妃のウェディングドレスを手がけた、デヴィッド&エリザベス・エマニュエル夫婦のデザインだった。ボブ・ゲルドフ、ハーヴェイ・ゴールドスミスが企画したこのファッション・エイドで、フレディは裸足で走りまわる花婿を演じている。花嫁役に扮したのはジェーン・シーモアだった。またエマニュエルの衣装に身を包んだロイヤル・バレエ団のダンサーたちが演じたのは、ウエイン・イーグリングによる『フランケンシュタイン、現代のプロメテウス』という演目だった。その日の午後、パーク・レーン・ホテルでリハーサルがあった際、フレディはその晩に共演するモデルたち、フランチェスカ・テッセン、ドゥーロ侯爵夫人、フィオナ・フラートン、セリーナ・スコット、アンソニー・アンドリュース、マイケル＆シャキーラ・ケイン夫妻、リチャード・ブランソンらに会った。アルレーネ・フィリップはフレディとは〈愛という名の欲望〉でも共に仕事をしたことがあり、70年代からの友人だった。マイケル・ケインはフレディがブーケの残りを観客に投げたことが気に入らなかったようだが、観客は大喜びだった。

〈ワン・ビジョン　ひとつだけの世界〉はミュンヘンのミュージックランド・レコーディング・スタジオで長時間かけて撮影された。このシングルはクイーンがそのパフォーマンスを絶賛されたライブ・エイドの直後にリリースされたために、一部のマスコミは彼らがライブ・エイドへの出演を利用したと書きたてたが、〈ワン・ビジョン～〉はバンドとしての信念が再び彼らの中に取りもどされたことを示す重要な作品だ。

〈カインド・オブ・マジック〉の監督はラッセル・マルケイだった。撮影場所はロンドンのノースアンバーランド・アベニューのプレイハウス劇場。監督が思いついたその場所はかつて多くのBBCのラジオドラマが収録された所だった。彼らはフレディの家でしばらく話しあった後、プレイハウス劇場をもとにビデオのイメージを作りあげていった。チャーリング・クロスにあるアーチは、ロンドンのホームレスの溜まり場だった。そこでフレディが思いついたのは、昔スターの座にいた魔法使いが、今は廃墟となっているかつて自分が出演した劇場で、3人のホームレスを変身させる、というもの。この撮影時、フレディに付きそっていたのはジョーだった。この頃、ジョーと私は互いの仕事の忙しさに応じて、交代でビデオ撮影に立ちあうようになった。プレイハウス劇場はもう何ヶ月もまったく使用されておらず、暖房設備もなかった。撮影が行われたのは3月だったため、寒さは相当なものだった。

〈タイム〉のビデオの時は、撮影時間があまりなくて、トテナムコートロードのドミニヨン劇場での昼夜の公演前、それぞれ2回に分けて1日で撮影された。劇の開演を待つ観客にフレディがアイスを配るハプニングもあった。フレディはクリフ・リチャードが使うように改装されていた、クリーム色のシルクやサテンが基調になった楽屋で休憩を楽しんだ。楽屋はまさに大御所ロックスター、リチャードに相応しいものだった。

〈心の絆〉は多くの観客が参加してウェンブリーのスタジオで収録された。この撮影の担当もジョーで、私は家で留守番をしていた。ビデオ・クリップに観衆として参加した850人のファンたちには、撮影に立ちあったことを証明する「僕はクイーンの友達」と書かれたTシャツが全員に配られた。

〈リヴ・フォーエヴァー〉は映画『ハイランダー』に収録された曲だが、監督は再び「マレット・B・デ・ミル」だった。ナショナル・フィルハーモニー・オーケストラを含む40人の少年合唱団が無償で参加し、トバコ・ドックの倉庫で撮影された。

〈ザ・グレート・プリテンダー〉にはふたつのバージョンが存在するが、それぞれ7インチと12インチのシングルのバージョンだ。この撮影は3日間で2ケ所のスタジオを使って行われた。フレディと共演する3人の「女性たち」はビデオ制作会社が連れてきたデビー・アッシュに、ピーター・ストレイカー。そして、もうひとりはなんとロジャーだ。ヘア担当はデニー、メイク担当はキャロリン・カウワン、さらにダイアナ・モーズリーが衣装のスーパーバイザーを務めた。まるで切り裂き魔のスイーニー・トッド並みにピーター、ロジャー、そしてフレディの胸毛や腕毛をツルツルに剃りあげたのはテリーだった。過去のビデオの中で着用した衣装をフレディやモーズリーのクロゼットからひっぱり出してきて、再びこのビデオの中でも使った。フレディが着ているピンクのスーツは、デヴィッド・チェンバーズがデザインしたものだ。ビデオの終わりで大階段にスーツに身を包んだフレディの100体もの等身大のスタンディーがずらりと登場するのには驚かされる。だが、監督したマレットの元々のアイディアは違っていた。これらのスタンディーをドーバー海峡の断崖に並べ、ヘリコプターで空中からその中に立つフレディの姿を収めるというものだった。その案はフレディによって却下された。まず予算がなかったことに加え、死にそうに寒い断崖になど立ちたくなかったからだ。12インチのヴァージョンでは、3日間の撮影模様が5分間のプロモに散りばめられている。

〈バルセロナ〉は3回撮影を行ったが、そのうちの2回はライブだった。ひとつはギャヴィン・テイラーが監督したものでイビサ島のナイトクラブ、クー（現在は名前がプリビレッジと変わっている）で撮られた。このクラブは島で一番大きなクラブだった。フレディはパイク・ホテルに宿をとり、モンセラもイビサの町の5つ星のホテルに泊まっていた。コロンブス・アメリカ発見500年を記念した式典で、初めて曲を披露することになったからだ。他にデュラン・デュランなどのアーティストが参加したこの式典を組織していたのはピーノ・サグリオッコで、エグゼクティブ・プロデューサーにはドミニク・アンキアーノ、レイ・バーディスと共にジム・ビーチが名を連ねていた。フレディはモンセラに対して細かな心くばりをみせた。楽屋に不備はないか、彼女は無事に到着したかどうか、様子を見てきてほしいと私に言った。この種のショーの舞台に立つことはモンセラにとって初めての経験だったため、フレディは彼女の周りによく知った顔を置いておこうと気をつかったのだ。その晩、私はフレディよりもモンセラと彼女を支えていた家族と一緒にいる時間のほうが長かった。モンセラの衣装はブルーのドレスで、元々はリヒャルト・ストラウスのオペラ『ナクソス島のアリアドネ』のヒロインの衣装だった。このビデオでフレディが着用したダーク・ブルーのタキシードも〈ザ・グレート・プリテンダー〉と同様にチェンバーズが手がけたものだ。

2度目の収録は、'88年バルセロナのラ・ニットで行われたオリンピック旗の到着を記念した式典だった。ステージにはフレディとモンセラと共にピーター、そしてレコーディングの際バック・コーラスで参加したデビー・ビショップとマデリーン・ベルが立った。地元のオーケストラとのアレンジ・スーパーバイザーを務めたのはいつものようにモーランだった。フレディとモンセラがステージに登場した時、モンセラは生まれ故郷のカタランの人々の歓迎に包まれ頬を紅潮させた。この日のステージはまさに彼女のための舞台だった。モンセラはカレーラスとデュエットした他、ソロも披露した。ほんのわずかな時間とはいえスペイン国王夫妻ら王族の前で歌を披露することになったフレディは、緊張のあまり口数は少なかった。このショーは生演奏ではなかった。フレディがライブを行うには莫大なリハーサルの時間が必要だったが、その時は彼にもそして他の共演者たちにもそんな時間は与えられなかったのだ。この日、ステージに登場した他のアーティストは、白血病を克服して復帰したホセ・カレーラスと、ディオンヌ・ワーウィック、エディ・グラント、ルドルフ・ヌレエフ、そしてスパンダー・バレエなどだった。

3度目はパインウッド・スタジオでの撮影だった。ダーク・ブルーのイブニングスーツに身を包んだフレディを筆頭に、ファンクラブの会員からなる多くのエキストラが参加した。ラ・ニットでは〈ゴールデン・ボーイ〉も収録された。モンセラは同じくブルーのドレスを着ているが、赤の裾が長く広がったイブニングコートを着ている。この曲のバッキング・トラックが通常のテンポよりかなり遅く再生されてしまった。そのため、その後のビデオ作成の際、口を合わせる作業は難航した。ステージから下りてきたフレディは、まるでアニメで人の耳から湯気がシューシュー噴きだしているように怒っていた。撮り直しのきかない状況にひどく腹を立て、近くにいた全員を責めたてた。一番手ごろな非難の矛先はサウンド・エンジニアのジョン・ブラフだった。

'89年の〈アイ・ウォント・イット・オール〉の撮影は、エルストレー・フィルム・スタジオで行われた。過剰に使われた照明は、アバが開発したことで有名な16個のスーパートゥルーパー・フォロースポットと、12個の50フット・ディノ・フットボール・ピッチ用ライトだが、効果がありすぎて映像全体が白っぽくなっている。

〈ザ・ミラクル〉はルディ・ドレザルとハンネス・ロサッチャーの監督の下、エルストレー・スタジオで収録された。4人のメンバーに似た子供たちはオーディションで選ばれた。時間をかけた甲斐があって最後には4人のクローンのような出来映えとなった。私は初めてこのビデオを観てからその後5年間くらい、観るたびに涙が止まらなかった。その理由は上手く説明できないが、恐らくその後限られた命であると分かるフレディの姿が前途洋々たる子供と対照的に映ってしまうからかもしれない。子供たちのパフォーマンスはクイーンのそれと寸分違わない。彼らはクイーンのいろいろなビデオを何度も観て、そのテクニックを学んだ。撮影の時、子供たちが行った即興のパフォーマンスにバンドのメンバーたちは拍手喝采を送った。その場に立ちあっていたスタッフの誰もが、子供たちがここまで上手に出来るとは予想もしていなかった。

〈ブレイクスルー〉は、信じられないような猛暑の中で撮影された。撮影2日目の朝、「ホテルの部屋が暑すぎて、よく眠れなかったよ」とフレディは嘆いた。泊まったホテルはイギリスの典型的なカントリースタイルのホテルで、エアコンなど付いていなかった。撮影はケンブリッジシャーの私鉄ネーン・バレーにある蒸気機関車を使って行われた。フレディは少しでも涼しいなかで撮影したいと希望したが、貨車を引いた機関車は最速でも時速30マイルのスピードしか出なかった。ビデオに登場する謎めいたマスクの女性は、当時ロジャーのパートナーとなったデビー・レング。彼女が適役だと考えたのはフレディだった。フレディや監督のドレザル、そしてロサッチャーは壁が爆発して吹っとぶ冒頭のシークエンスに不満をおぼえた。ポリエステルで作られたブロックは爆発の勢いで吹っとぶはずが、突進してくる機関車とトンネルの中で圧縮された空気のために、車体がぶつかる前に崩れおちてしまったのだ。

〈インビジブル・マン〉では、子供のコンピュータ・ゲームのキャラクターに扮したメンバーがゲームから飛びでてくるという内容だった。〈スキャンダル〉は大きなヒットにはならなかったし、メンバー全員が集まることのできる時間がわずかしかなかったため、ビデオに手間をかけていない。

〈イニュエンドウ〉のビデオを手がけたのはジェリー・ヒバートとルディ・ドレザルだった。バンドからの提案は、アルバム・ジャケットに使ったグランドヴィルの風刺画のアイディアをどうにか用いることだった。人形の家やキャラクターのアイディアがビデオの制作チームから出された。このビデオでバンドメンバーの撮影は行われなかった。メンバーはそれぞれ違った芸術的なタッチのイラストで描かれているが、基本的にモデルになっているのはそれまでに撮ったビデオ・クリップの彼らだった。それらを組みあわせビデオは完成した。フレディは編集技術にとても感心していた。

〈ヘッドロング〉は、アルバム《イニュエンドウ》がレコーディングされたロンドンのメトロポリス・スタジオで撮影された。冒頭と最後のシーンでスタジオの外壁に映しだされるのは〈イニュエンドウ〉のビデオと同じ風景。これら《イニュエンドウ》からの一連のビデオはすべて1年間のうちに撮影されたものだが、フレディが元気そうな姿を見せていることが不思議な感じがする。まず先に演奏シーンを撮影して、後日調整室のシーンや彼らがくつろいでいるシーンが撮影された。ご覧の通りフレディは実に楽しそうに撮影をこなしている。現実の世界から脱出できるビデオ撮影の仕事は、彼にとって楽しみのひとつだったのかもしれない。

〈狂気への序曲〉の撮影の頃、フレディは自分が病気を患っているように見えることを十分に分かっていた。ドレザルと一緒にいろいろなアイディアを話しあっている間、彼は自分の外見を何とかカモフラージュする方法を考え、全体をモノクロで撮って、厚塗りの化粧にカツラ姿で登場することにした。その結果、ある程度効果はあったと思うが、やせこけた頬を隠すような手だてはなかった。フレディの胸ポケットに飾られているクチナシの花にも注意してもらいたい。摘まれた白いクチナシの花はすぐにクリーム色から黄色へと色が変わってしまう。ビデオがモノクロで撮られたのはその変色を隠す意図もあったが、目立たないように花を取りかえることも考えられた。最終的に3本で済んだが、全部で5本の花が用意されていた。

このクリップの制作にあたってはドレザルとロサッチャーによってフレディのアイディアが実行される形になった。登場するキャラクターはサイレント映画やパントマイムに影響され、ネジマキ、スイセンの花、バナナといったものにシュールレアリスムを感じる。フレディが撮影の大半スリッパを履いているのは、この間も痛みと闘っていたことが窺いしれる。きつい靴を履くのは難しいと思った彼は、ピエロのように先の尖ったスリッパでおしゃれに気をつかったのだ。それはイビサ島で最後の休暇の時に買ったものだった。ちょうどこの頃、メンバーはフレディの病気について本当の事を聞かされた。そしてビデオを完成させようという彼のプロ魂に心から敬服していた。

集大成的ビデオともいうべき〈ショウ・マスト・ゴー・オン〉は、ベスト・アルバム《グレイテスト・ヒッツVol.2》そして同ビデオ集Vol.2のプロモーション用に作られたものだ。『ハイランダー〜』のクリストファー・ランバートが登場した〈プリンシス・オブ・ザ・ユニバース〉の一部も収録されたし、また売り上げが不振だったためにまったく興味を持たれなかった〈コーリング・オール・ガールズ〉や、フレディが出来にがっかりしていた〈スキャンダル〉のクリップも収められた。フレディは〈スキャンダル〉のビデオを自分の作品として頭数から外していたくらいだったから、この作品が収められているということはフレディが編集の場に不在だったことを意味している。

〈輝ける日々〉はフレディ最後のビデオとなった。このビデオの中で着ているベストは彼のお気に入りだった。それはジョーの友人のドナルド・マッケンジーからのプレゼントだった。ビデオを観かえすたびに、私はこのビデオは撮られるべきではなかったのでは、と思うことがある。フレディの様子は今にも崩れおちてしまいそうで痛々しい。だが逆に良かったとも思える。彼の最後の頑張りを証明することができたからだ。フレディの体調が優れないのは、彼が動かないのを見れば一目瞭然だろう。ライブ・ビデオの撮影の時、撮影カメラマンたちはフレディが次にどんな動きをして、どこへ行ってしまうのか予測もつかないため、毎回頭を抱えていた。このビデオのフレディはただその場に立っているだけだ。この時、彼の右足親指の側面の付け根には皮膚組織障害ができていた。変形して硬くなったかさぶたが足に体重をかけるたびに肉に食いこみ、彼は激しい痛みで歩くことさえままならなかった。事実、ジム・ビーチはフレディが撮影に来られなくなった場合を考えてアニメの画像を用意していた。フレディはこの予備対策用のビデオの存在を知ると、俄然「最後に絶対、カメラの前に立ってやるんだ」という気持ちを奮いたたされたようだった。自分の姿が鉛筆1本で描いた漫画の姿として記憶されることだけは、何が何でも我慢できなかったのだ。

第4章：アートワーク

アルバム・ジャケット

イーリング・テクニカル・カレッジでグラフィック・デザインを学んだフレディが、クイーンのアートワーク全般やセットデザインに深く関わっていたことはごく自然なことだった。とはいえ、歌を歌うこと、人にパフォーマンスを見せること、作詞をすることが自らの専門で、デザインの能力もあることは自認していたものの絵筆やパレットを持ってカンバスに向かうような芸術家でないことは熟知していた。そうはいっても、フレディの絵の腕前はなかなかのものだった。もし彼がカレッジをやめずに、グラフィック・デザインの道を進んでいたとしても成功していたに違いない。

スケッチに関しては、こんなエピソードがある。フォト・セッションの合間だった。美術品のオークションのカタログに目を通していたフレディはマティスの絵を見つけた。その推定価格は1万から1万2千ポンドほどだった。驚いた彼は大きな声でこう言った「バカバカしいったらありゃしない！　こんな絵くらい、僕だって描けるさ。でも誰もこんな高額な値段は付けちゃくれないけど。ちょっと紙をかして」。それから20秒も経たないうちに、彼は目の前にあるカタログの絵とほとんど同じものを描きあげた。

フレディは自らがすばらしいと認めたものに関しては、少し値が張ったとしてもそれで完璧な人間に近づけるのなら喜んで金を使った。銀行家が道を歩いていて舗道の石が欠けていることに気がつけば、その部分の修理や修繕費にいくらかかるか考えるかもしれないが、芸術的な心のある人ならば同じ道を通ってもそのデザインや模様の美しさを見いだすだろう。物を作りだすには芸術家であるのと同時に銀行家でもあることが必要になる。彼はトータル的なアーティストになれる立場にいた数少ない幸運な人物だった。

しかし、フレディは世界一有名なロックスターになるとか、大物になるとか、そういった特定の野望を口にすることはなかった。彼にとっての野望は、アルバムやビデオ、そしてツアーに関して次のプロジェクトを完成させることだった。それぞれに達成された野望の積み重ねが、次の野望への足がかりになった。プロジェクトを完成させ満足を得ることは彼自身にとっても、他のメンバーにとっても次のゴールへと駆りたてられる大きな要因だった。フレディがアーティスティックな作業すべてに積極的に関わることについて、他のメンバーも歓迎していた。というのも、それが彼らの仕事の源になったからだ。場合によっては他のメンバーが思いついたアイディアをフレディが膨らませ発展させることもあった。フレディは成果としての仕事が誰のどんな仕事であろうと、はっきりアピールすることが重要だと思っていた。アルバム・ジャケットを重視したのも、音楽を聴く前に店でジャケットだけ目にする人の存在を考えた上でのことだった。つまりクリスマス・プレゼントと同じ考え方だ。もしツリーの下からプレゼントを選ぶとしたら、誰だって包みのきれいなものに目をひかれるだろう。

私が制作過程に立ちあったアルバム・ジャケットは《ホット・スペース》からだ。フレディはタイトルから「ホット」という言葉をキーワードに、ロスのエルミタージュ・ホテルのスイートで仕事に取りかかった。そしてあの4色の色を思いついた。くっきり明るくてレコード店の陳列された棚の中でも一際目をひくあの配色を。「ホット」な色使いに加えて、バンドのメンバーをフィーチャーすることによって、アルバムを買う人が遠くからでもそれが「クイーンのアルバムだ」と分かるようにアピールする必要があった。

エレクトラ・レコードが紹介したアート・ディレクターのノーム・ユング、ジョン・バール、そしてスティーヴ・ミラーとフレディの間で打ち合わせが行われた。フレディはすでに色は赤・青・緑・黄を使うことを決めており、「自分には好きな赤を用いよう」と思っていたものの、他のメンバーにどの色が相応しいかは決めかねていた。モノクロの写真を使った前作の《ザ・ゲーム》との対比が難しくなるからという理由で、このアルバムに写真を使うつもりはなかったが、いくつかのアイディアをあれこれと検討した結果、4つのイラストを使う案が浮かびあがった。フレディが求めたのはファンがひと目で彼らだと分かるような目立つもの。当時ショート・ヘアと口ひげがフレディのトレードマークだったこともあり、彼は髪の毛が一番分かりやすい材料だと思い、その案がデザイン・チームによって具体化された。打ち合わせで出来上がったイラストのドラフトを3人のメンバーに見せた時、気にいったようだった。

当時そろそろCDが普及しはじめつつあったが、デザインは12インチ四方のLPにフィットするように作られた。フレディはスペースをたっぷり使えるLPの大きさを好んだ。しかしアルバム用のデザインがカセットテープにも同じく用いられることは意識していたため、それがCD用に使われようと違和感はなかった。

アルバムごとに使用する「Q」の文字のデザインが決定するまでには、意外かもしれないが信じられないほどの時間がかかっている。字体や大きさについて、入念な話し合いがもたれる。アルファベットのひと文字で、そこまで神経質にならなくても、と思われるかもしれないが、それが完璧主義というものだ。透き通った上紙に書かれた10種類の違った大きさの文字から、4人のメンバー全員が了承するたったひとつのものを選ぶわけだが、決めた後でも、結局最初に選んだものに戻すこともあった。

アルバム作りでアートワークが決定されるまでには1～2ヶ月を要する。ジャケットに載せる歌詞や謝辞の文面は、たとえばコンマが抜けているとか、誰かの名前が漏れているとかいったことがないように、各メンバーはそれぞれ写しを持つことを義務づけられていた。各々が6千マイルも遠くにいるような時でも、確認作業は常に行われた。とはいえ、バンドが確認用に見るサンプルは、最終的にユーザーが手にするものとは違った。サンプルは、実際の製品より暗めに仕上がっていることが少なくない。そのためアート・ディレクターは商品用の印刷過程における色の変化まで、バンドメンバーに正確にアドバイスする必要があった。強い色使いのものは増刷された際、最初の色が出ないことも多い。1枚のアルバムはテープ編集からアルバム・ジャケットに至るまで、多くの人々の力が結集されたエンド・プロダクトだといえる。

《ザ・ワークス》のカバー制作は再びロスで行われた。デザイン・チームは前回と変わってビル・スミスひとりだった。彼はロスでフレディが滞在していた「ピンク・ハウス」を訪ねてきた。そしてスミスは、写真家ジョージ・ハーレルの起用を提案した。フレディはジョージ・ハーレルとの仕事のチャンスに喜んだ。ハーレルは陰影の巧みさで名を上げた著名な写真家だった。作品にはマレーネ・ディートリッヒやジョーン・クロフォード、そしてグレタ・ガルボほかのポートレートがあり、ハリウッドの伝説的な写真家として知られていた。クイーンの仕事を引きうけた時、彼は75歳と高齢だったが、現役カメラマンとして毎日仕事をしていた。30年代から50年代のハリウッド映画に詳しく、強い憧れを抱いていたフレディにとって、彼に写真を撮ってもらうことは長年の夢が叶うようなことだった。自分が少年時代に観たハリウッド全盛期のヒーローやヒロインと実際に交流のあった人物と仕事ができるのだから。ハーレルは驚くほど旧式のカメラを使用していた。しかし、その古いカメラによって彼は成功を手にし、ハリウッドに自分のスタジオを構えていたのだ。

リハーサル撮影では、いろいろ違った構図や描写で効果の違いを浮き立たせようと、多くの撮影が行われた。各構図でそれぞれ1、2回の撮影をし、それが終わると古い映画や最新のビデオ撮影のように、その都度セットを変えては何度も撮りなおした。リハーサルでは照明効果の確認がほとんどだった。

フォトセッション本番が行われたのは、数日後の朝のことだった。ハーレルは吊りズボンにシャツ、それにベストといった出で立ちだった。フレディは憧れの写真家とのコラボレーションに心高鳴らせ、この日はまるで近所の写真館で家族の写真を撮らされる子供のようにいい子にしていた。今回のフォト・セッションを通して、フレディはすばらしい写真の技法を多く学んだ。メンバーにとっても普段のただパシャパシャ写真に撮られるだけのつまらないセッションとは明らかに違う貴重な経験になった。

《カインド・オブ・マジック》のジャケットは再びメンバーを風刺したイラスト画に戻された。アート・ディレクターはリチャード・グレイで、バンドと共にプロジェクトに最後まで関わることになった。グレイはロジャー・キアソンによって委託されたフリーのディレクターだった。彼が思いついたキャラクターはシングル〈カインド・オブ・マジック〉のビデオにも登場し、ツアーの時も巨大なバルーンに膨らまされてステージの両脇に取りつけられた。

フレディのソロ《バルセロナ》のアルバム・ジャケット撮影にはファッション・ポートレートの専門家テリー・オニールが起用された。オニールとフレディはマネージャーがまだジョン・リードだった頃からの知り合いだった。撮影は彼のスタジオで行われた。フレディとモンセラは到着するとオニールがどういったことを試みようとしているのか軽く打ち合わせをすませ、それからふたりにとって最大の難問、何を着るべきかという問題に取りかかった。私は自宅からイブニング用のスーツからあまりフォーマルでないものまで数々の服やボウ・タイを持ってきていた。モンセラと姪のモンツィも6着ほどの衣装を持参してきていた。フレディとモンセラが衣装選びに時間を費やしている間、テリーのアシスタントが1時間以上もかけて撮影ポーズをあれこれ試しておいたため、フレディたちがヘアメイクを整えてやってくるや、すんなり撮影に入れた。

《ザ・ミラクル》からすべての曲のクレジットはバンド名で統一されたわけだが、そのことがアルバム・ジャケットの4人の顔がひとつに統合されたアイディアにつながったのではないかと私は思う。モーフィングのコンセプトはとても斬新で、コンピュータ時代においてクイーンがロック界のグラフィック部門の最前線にいることを示す内容のものだった。

フレディは晩年、ジム・ハットンから贈られた水彩画のセットを使っていたが、病気のために最後までやり遂げられないかもしれないことには着手しなかった。そのため、《イニュエンドウ》のジャケットはロジャーが雑誌で見つけたグランドヴィルのイラストを使うことになった。イラストの持つシュールな雰囲気はフレディの特異な感覚をくすぐった。前衛的でシュールレアリスムを感じさせるこの作品は、おそらく描かれた19世紀初頭には芸術的なジャンルの中ではまったく語られることはなかっただろう。

美の空間

フレディは収集家だった。集めた物それぞれが彼の宝物の中にそれなりの場所を確保していた。とりわけ心血を注いだのがガーデン・ロッジだった。フレディは'80年にガーデン・ロッジを購入したが、長い年月をかけて変化を加えていった。そこは単に住居としてだけではなく人生を彩るカンバスであり、美の空間だった。ガーデン・ロッジは、ロンドン市内の中でも最も車の通行量が多く汚染も激しい中心地区に位置する、3分の1エーカーほどの都会のオアシスだった。アールズ・コート・ロード、ワーウィック・ロード、クロムウェル・ロード、そしてハイ・ストリート・ケンジントンに1マイル平方の境界線を形作り周りの喧騒にも関わらず、静かな平和を与えてくれていた。

フレディがもしミュージシャンでなかったならば、おそらくインテリア・デザイナーとして成功できたように思う。彼はインテリアに関しても確かな審美眼を持っていた。ガーデン・ロッジには専属のインテリア・デザイナーとしてロビン・ムーア・エドが雇われていたが、エドの仕事は自分で構造的なデザインをすることよりもむしろフレディに不可能なことの理由を説明することのほうが多かったかもしれない。もちろんフレディのアイディアを彼がすべて否定したわけではない。エドはフレディに多くの建築家たちを紹介してくれた。その中には作曲家ジョン・タバナーの父親で建築家のタバナー・シニアも名を連ねていた。

ガーデン・ロッジは最初、かつての威厳ある外観を取りもどすために多くの時間と労力がつぎ込まれ、それが完成すると次に室内は豪華なオブジェや家具で埋めつくされていった。私がフレディと知りあった頃は日本の版画からエルテやダリといったもの、晩年はビクトリア調の芸術的なものやラファエル前派の絵画までとかなり広範にわたった。絵画は、総じて折衷的なものが多かった。ブラジルで買ったすばらしい抽象画はしばらくの間、キッチンのベンチシートの上方に飾ってあった。その後、お気に入りになったミロの版画に場所を譲るまでの間。彼は日本の版画も飾りきれないほど数多くコレクションしており、それらは自室に続く階下に作られた保管庫に保存されていた。版画は専用のフレームを使って立てたままスライドして入れられるようになっていたため、容易に数を増やすことができた。ゴヤの木版画もたいそう気にいっており、2階に続く踊り場に飾ってあった。

ガーデン・ロッジは2階建ての建物で元々8つの寝室があった。2階の大きな部屋は前の持ち主の彫刻家をしていた妻が工房として使っていた部屋だった。フレディはこの部屋ともうふたつの部屋を併せて寝室、マホガニーのパネルと鏡をはめこんだドレッシングルーム、そしてふたつのバスルームからなるスイートに改築した。ドレッシングルームと片方のバスルームの天井は私が彼を初めて見かけたビバのレインボールームと同じような感じに、3つの隠しスイッチで虹色の効果を作ることができた。

豪勢なスイートの入口は、改築で加えられた踊り場から続く比較的普通の大きさのドアになっていた。外からは単なる物入れに続くドアにしか見えなかったが、中に入ってドアを閉めると一連のマホガニーのパネルをはめたドレッシングルームになっており、その各パネルは奥にバスルームやクローゼット、棚が設置されたドアになっていた。その中央には八角形をしたクリーム色の波紋模様のあるサテン地のクッション付きの脚台が置かれていた。寝室へのパネルは分かりにくかったが、スイート入り口の対面2枚の大きなパネルをスライドすると入口が現れた。ドレッシングルームの外のバルコニーは居間の真上に当たり、庭のバラ園とフジ棚を望むことができた。

ドレッシングルームと隣りあうふたつのバスルームのうち小さいほうをフレディはよく使っていた。そこはドレッシングルームと同じような木製のパネル仕立てで、家で唯一外窓のない部屋だった。内装は日本で買ってきたタイルがバスタブの周りに無造作に配置され、防水加工されたセイジ・グリーンの壁紙が使われていた。反対側のもうひとつのバスルームは広く、クリーム色の大理石が使われて、支柱を支える壁の一部をくぼませた部分にはステップ付きのジャグジーがあった。シャワー・コーナーは長方形のバスルームの隅にあって、壁は大理石でもその床はちょっと妙なことにファイバーグラスで仕切られていた。壁の上方に大きな真鍮のシャワー取っ手が付けられ、壁には水の通る真鍮のパイプが3本垂直に走っており、そこから水しぶきがあがった。まるでセンサラウンドのようで、その水圧といったら痛いぐらいだった。フレディは常にシャワーに泣かされていた。彼のバスルームやゲスト用バスルームのシャワーは建物にダメージを与えてばかりだった。やがてシャワーにほとほと愛想を尽かしたフレディは使うのをやめてしまった。

バスルームは、家の他の部屋同様に日本やフランス、ドイツの小物やニューヨークのティファニーの工芸品、南米のお土産など世界各地から何年もかけて集めてきたオブジェでいっぱいだった。いろいろな形のコロンやオードトワレのボトルや石けんも散らばっていた。フレディが愛用していたのはアルマーニ・フォー・メン、ムッシュ・ド・ジバンシィで、晩年の2～3年はクランスのオウ・ディナミサントを使っていたが、これが一番のお気に入りだった。また、世界中どこへ行くにもジバンシィの香水ランテルディは常に携帯し、必ずバスルームに置いていた。これはオードリー・ヘップバーンのために作られた女性用の香水だった。彼はデパートの香水売り場に行くのが大好きだった。石けんはロジェ・ガレの物が好きで香水と同様にいろいろと集めていたが、最後に使っていたのは「シンプル」という名のもので、ロジェ・ガレは飾ったままだった。シャンプーに関しては私たちがスーパーで買いもとめてきたものなら銘柄は問わなかった。晩年は、頭皮を刺激しないようにジョンソン&ジョンソンのベビー・シャンプーを使っていた。

タオルなどバス・リネン製品も好きで、大きめのものを好んだ。仕入れ先の大半はミュンヘンで、バルバラ・ヴァレンティンが良い店を教えてくれた。フレディはエキゾチックな柄のまるでベッドシーツ並みの大きさのバスタオルが山のように並んでいる店を見つけた。そこで全身をくるめるようなブランケットも見つけて、テレビを見る時などよくそれにくるまっていた。ちょっとアンゴラにも似たふわふわした手ざわりが気持ちよい、白地に明るいプライマリー・カラーの円形や縞模様三角形などの模様がついた手作りの品だった。

フレディの寝室はとても広く、寝室というよりオペラ『ばらの騎士』のなかでヒロイン、マルシエリンが訪問客を迎える客間を思わせた。エドワード調の長椅子やルイ14世の頃の肘掛け椅子、そしてモダンなふたり掛けのソファなど、いろいろな家具が並んでいた。そこは彼にとって快適な空間で、なおかつ友人や訪問者と楽しく過ごす場所でもあった。当時、フレディはルイ・イカートの版画の膨大なコレクションを所有し、それらのうちの22枚をカーテンなどと同じクリーム色の波紋のあるサテン地の壁に飾っていた。

ベッドは壁の頭板に組みこまれており、ドレッシングルームと同じ木目調だった。左右のベッドサイドには背の低いふたつの飾りダンス、大きなベッドサイド・チェストがあり、その引き出しにはマホガニーの化粧板が施されていた。前面が弓形に張りだし、短い脚がついた高さ5フィートほどの19世紀半ばのフランス製ディスプレイ用キャビネットは壁にそって置かれ、中には磁器やクリスタル、ラリックの工芸品や日本の漆の小物入れなどが詰まっていた。床を覆うカーペットは壁のクリーム色の配色に合うように特注であつらえたものだった。ベッドカバーのひとつは〈狂気への序曲〉のビデオにも使われた。さまざまな色に染められたダチョウの羽毛で出来ていたこのカバーは、ビデオに「何かカラフルなものを」と探していた際、思いだされたというわけだ。色のせいなのか羽のせいなのかは分からないが、猫たちもじゃれあってはベッドカバーをボロボロにしようとしていた。

スイートに続く踊り場は、北側に面する応接室の下手にあった。踊り場の壁にはニューヨークのアパートや、以前住んでいたスタフォード・テラスの家と同様にゴールド・ディスクやプラチナ・ディスクが飾られていた。メインの踊り場の側には図書室があった。そこの内壁には、以前日本で購入してきた壁紙が貼られた。そこが図書室になるきっかけを作ったのはジム・ハットンだった。フレディが彼の好きなように大工仕事をさせたところ、本棚をこしらえたので本を置くようになった。フレディは元々あまり本を読んだりするようなタイプではなかった。棚に並んでいたのは、オークションのカタログや一般家庭に必ず置いてあるような本、辞書や地図や百科事典、それに猫や美術やデザインなどの卓上型の大きな挿し絵の入った本などだった。フレディはカタログが好きだった。カタログなら写真は多いし、よほど気にいった写真の部分以外は読む必要がなかったからだ。彼は読書好きではなかった。飽きやすかった彼は小説などに没頭するほど集中力が続かなかったし、読書にかけるには時間があまりにも貴重すぎたのだ。疑問に思ったら誰かに聞いたほうがよほど早く答えを知ることができる、そうフレディは考えていた。

図書室の隣のドアは物置に続く小さなドアで、お湯のタンクが裏にあったことからリネン・ストアとしても使われていた。その隣がゲスト用スイートで、家の前面の角にあったため、池や温室へと続く芝生の中に立つマグノリアの木が見下ろせた。その部屋には大きな正方形の寝室にドレッシングルーム、ピンクの大理石のバスルームがあった。フレディが気にいっていたのはちょっとくすんだサーモンピンクの波紋模様の壁で、そこには冥界の王ハデスをテーマにしたダリの一連のシュールレアリスムの版画が掛かっていた。その後、ここにはビーダーマイヤー様式やアンピール様式のアンティーク家具や特注の家具が収められた。フレディはチェルシーのケンジントン・ロードにあったルパート・キャヴェンディッシュの店によく通っていた。付き添いの者が何人押しかけても、キャヴェンディッシュはいつでも歓迎してくれて、入荷したばかりの品の蘊蓄をうれしそうに説明してくれた。

私の部屋はゲスト用スイートの対角線上にあったため、自然と窓からの景色はゲストルームのそれを反対側から眺めることになった。私の部屋はまばゆいペイル・イエローが基調になっていた。キッチンの階段上にある私の寝室の先にはオーディオ・ギャラリーがあり、ここもブルーのカーペットが敷かれていた。居間の真上にあたるこの部屋には最新のサウンド機材や、ビデオやアルバムも多く置かれていた。またドリンク・バー用のスツールやソファ、テーブルも置かれ、他の部屋同様マホガニーやメイプルウッドの木目デザインで揃えられていた。バーの後ろの壁には天井から床まで12フィートの高さはある大きなジャングルの絵が飾られていたが、それはフレディの友人でもあるジャマイカの芸術家ルディ・パターソンの作品だった。ギャラリーの端には大きな居間へと続く階段があったが、16フィートの高さの天井やピカピカに磨かれた寄せ木細工の広い面が目をひいた。

1階メイン・エントランスから居間に入ってくる途中で目を奪われるのは、反対側の壁に掛かっていた等身大の枠に収められた女性のドレスだった。それはモンセラからの贈り物で、彼女が国際的に名を馳せはじめた時分に演じたルクレチア・ボルジア役の衣装だった。その後、フレディは遺言で私にこのドレスを残してくれたが、現在は再びモンセラの手元に戻っている。

25フィート×30フィート四方の部屋には、ほぼ北側の壁一面に当たる大きな窓があった。フレディは絵を描くことにはまったく興味がなかったため、この元アトリエは居間に改築された。実際、この部屋は3つの部分から成りたっていた。ひとつ目は窓の足元にある来賓用の高座で、長椅子を置いて引き込みが埋められていた。この高座の反対側に張りだしたギャラリーの下には大理石の暖炉があった。フレディは本物の薪火を使った暖炉を希望したが、石炭や薪の燃えかすが出てしまうため、もっともらしく見えるガス製のもので妥協するしかなかった。けれども暖をとるには十分だった。

フレディにとって、この暖炉前が家の中で最もよく居着いていた場所だった。暖炉の反対側は28インチのテレビが設置された4人掛けの柔らかい大型ソファ、2脚の快適な椅子と、その中央に高さの低い和テーブルが置かれていた。テーブルの上にはビリー・スクワイアがプレゼントしてくれた銀の山猫の置き物とボンド・ストリートにあるハーマンズから贈られたリモージの青磁の灰皿が置かれていた。ソファの端にはそれぞれひとつずつランプが飾られた。

ソファの背中側、つまり居間の中央部は帝国時代の応接間のスイートになっていた。ナポレオン1世の兄弟のために作られたといういわく付きの、皇帝の印である蜜蜂の紋章が描かれたペイル・グリーンとゴールドの4脚の椅子が置かれていた。その隅の窓際には〈ボヘミアン～〉を作曲したピアノが置かれており、その上には銀や磨かれた木製のフレームに収められた友人たちや猫たちの写真がずらりと並んでいた。

ピアノの反対側の角には、高さ8フィートほどの純マホガニー製のディスプレイ・キャビネットがあり、中には白地に果物の静物画が手書きで描かれたマイセンの高級ディナー用食器が入っていた。フレディはそういったディスプレイ・キャビネットを多用していたが、部屋に狭さを感じるようなことはなかった。このキャビネットはロンドン中のアンティーク・ショップを探しまわって、最後にチェルシーで見つけたものだった。元々は商店で使われていたもので、特定の人物の部屋用にデザインされたわけではなかったが、フレディの応接間にはまさにぴったりの代物だった。

応接室のもうひとつの家具は、19世紀から20世紀の変わり目にかけて作られたマジョレルと思われるものだった。それはブラインドになったウォールナット製のキャビネットで、幅広の底辺から上のほうに行くにしたがって少しずつ幅が狭ばるように曲線を描いていた。床にはラグが敷かれていたが、高座の部分はブルーに統一されていた。壁際の空間に置かれたフランス製のサイドテーブルや18世紀のヴィクトリア調を模したサイドテーブルの上には、高額な花瓶やオーナメントが置かれていた。なかでも自慢の品は写真が収められた整理ダンスの上に置かれた5つのユリの花を象ったティファニーのランプだった。ラリックとダウム・ファクトリーの大型の花瓶は窓の張り出しの上に並べられていたため、窓からの太陽光線がそれらを透かして反射し、色をより美しく見せていた。

紅茶色の黄色と黒光りするような上塗りの2層になった浮き出し模様のある布張りの壁には、様々な絵画が掛かっていた。ここにはダリの版画がもう一連、ギリシャ神話のキャラクターを描いたものが飾られた。ガウディ、ピカソ、ダリ、ミロ、そしてモンセラ。フレディは自分でも気づかないうちにカタロニア出身のアーティストを収集していたのかもしれない。これらの絵画は大きなビクトリア調の油絵の間に変化を加えていた。フレディの好みは風景画や静物画ではなく、生き生きした人物画だった。暖炉の上にはシャガールの版画、部屋のもう一方の片隅には、ラファエル前期の頃の画家ティソットが描いた愛らしい女性の絵が掛かっており、これもまた自慢の1枚だった。

フレディとマドリードに行った時のこと。私たちはピーノ・サグリオッコに連れられて街の繁華街にあるアンティーク・ショップに出かけた。それはだだっ広い古めかしい建物で、内側は外から見るよりも広々としていた。私たちはいろいろな部屋に案内されて古代エジプトの遺物から中世の甲冑、19〜20世紀の彫刻や絵画などさまざまな時代の品を見てまわった。ビルの最上階にはその店に不釣り合いに見える物が置いてあった。そこには鉄格子のような金属の棒状の物がほのかに光っており、「部屋だ」という、スペインの古い貴族の宮殿からそのまま持ちこんだものが置いてある場所に案内された。

そこにあったのは、まさに「部屋」だった。その内側に入ってみると、誰かが後ろにあった金属製の門をガチャンと閉めた。私たちは一瞬、ドラマのように閉じこめられたのではないかと心配になったが、店主がその部屋の中の照明をつけてくれたため、ほっとひと安心した。彼がそっと壁の3ヶ所のパネルを滑らせると、その下から現れたのはフレディもそれまで見たこともないほど美しい絵画だった。ひとつはとても暗い印象を受けた。ふたつ目はあまり印象に残っていないのだが、それは3番目の絵があまりにも心に深く焼きついているからかもしれない。それは12インチ×18インチほどの大きさの聖母マリアの絵だった。まさに聖母のイメージに相応しいまばゆいばかりのブルーとホワイト、そしてゴールドの色が使われていた。その絵はまるで本当に浮きあがっているように見えた。フレディがひとめで気にいったのはスペイン絵画の巨匠ゴヤの絵だった。絵の持ち主は50万ポンドの値を付けたが、フレディは即決した。

しかし契約を結ぶ段になって、思わぬ障害が生じた。国の財産である芸術品を国外に輸出するためにはスペイン政府の許可が必要だったが、下りなかったのだ。フレディがその絵を自分のものにする唯一の方法は、スペイン国内に家を持つことくらいだった。イビサ島かバルセロナに家を買うなどいろいろな解決法が思案された。が、なかなか、その気にさせる物件がなかった。と、誰かがとある家の写真を送ってくれた時のことだった。それはフレディの大好きな建築家アントニオ・ガウディがデザインしたバルセロナの北部郊外の家だった。最終的には、手に負えそうにない問題が山積したためにすべての計画は流れてしまったが、たかが1枚の絵を飾りたいために、家を買うことまで本気で考えるような人物はそういないだろう。

フレディは頭上の直接照明が嫌いだったため、部屋の周りには個々にスイッチが入るティファニーやガレ風のテーブルランプの間接照明が多く用いられ、使う場所によって光の調整を楽しんでいた。この居間はガーデン・ロッジの中で一番広い部屋だったが、同時にとても私的な空間でフレディが最も多くの時間を過ごした部屋でもあった。彼がいつも腐心していたのは、壁周りの限られた空間をどう使えば家具や美術品などいろいろな高さの物を美術館のように飾れるかということだった。

居間の観音開きのドアはエントランスへと続いていた。家の年代や大きさを考えれば玄関の廊下とメイン階段は不釣り合いなほど狭かった。ホールの床は1階のすべての部屋と同じように寄せ木細工になっていた。ホール中央の磁器のシャンデリアの真下にはオークションで買った美しいピエトラ・ドゥラ（大理石をはめこんだ）のセンターテーブルが置かれ、その反対側にはグリーンの皮張りのライティング・ディスクがあったが、それはスタフォード・テラス時代に買ったものだった。

居間と真向かいにあるもうひとつの観音開きのドアは離れの部屋、通称「日本の間」に続いていた。そこにはフレディが関心を寄せていた東洋の品の数々が置かれていた。ここには彼が愛してやまなかった日本の品、版画や漆器、根付けなど多くのものが中国ふうのディスプレイ・キャビネットにブライトン・パビリオンの展示を彷彿とさせるように陳列されていた。そのキャビネットは何年も前にハロッズで買ったものだったが、アームチェアとソファ、そしてテーブルと一式になっていた。部屋の壁は薄いペイル・レモンのほどよい中間色だったため、歌麿などの鮮やかな版画の色を損なうこともなかった。この部屋には「掛け具」に着物のコレクションが飾られていた。これは彼が最後の日本訪問で購入したものだったが、とても美しく入りくんだデザインになっており、着物をたたまず広げて見せることができた。

エントランス・ホールにはもうふたつ扉があり、ひとつは地下の小さなクローク・ルーム、もうひとつはダイニング・ルームにつながっている部屋だった。そこはフレディが考え事をする部屋だった。壁は光沢のある濃いサフラン・イエローの塗り壁で、ドアなど木造部は濃厚なやはり光沢のある濃いグリーンに塗られていた。天井の漆喰の中央に描かれたライラック、赤、紫にグリーンといったカラフルな色のバラの絵はトロピカルな雰囲気をかもし出していた。扉の縁飾りやパネルには金色の葉が使われていた。窓にはちょうど床に触れるくらいの大きさでダーク・グリーンの分厚い質感のあるサテンのカーテンが吊るされていたが、その裾には猫たちがしょっちゅう粗相をして困らされた。キャビネットなどの家具はすべて部屋に合わせた手作りの物だった。前面が張り出した本棚と同じようにサイドボードも特注品で、ここに「秘密の引き出し」があった。

ダイニング・ルームはそれほど広くなかったため、フルサイズのテーブルは置けなかった。いろいろな種類の皿を載せるには幅が狭かったが、それでも10人分の皿を並べることはできた。テーブルクロスには、その日が祝日ならばプレーンな白のアイリッシュ・クロス、それ以外の日にはイビサ島やドイツで買ってきた小さな花のモチーフが刺繍されたクロスが使われた。銀色のテーブル・

マットのセットはサウス・オードリー・ストリートのトーマス・グーデ社で買ったものだ。クリストフルの銀食器はラリック、ティファニー、そしてウォーターフォードのテーブル・クリスタルがしまってあるサイドテーブルの引き出しに入っていた。スターカットが施してあるブルーのセントルイス・グラスの値段は、ひとつ200ポンドほど。それにふさわしい可動式の食器棚に収められていた。

ルパート・キャヴェンディッシュから購入した品の中には帝政フランス時代のディスプレイ・キャビネットがあったが、そこには数々のお宝とともにノリタケのディナー・セットがしまってあった。毎日使っていたのはロイヤル・ドルトンのディナー・セットで、フレディは昼食や夕食にどの食器を使うか私たちに指示した。特別な場合にはもちろんフォークやスプーンなどカトラリーも細かく自分で決めていた。主に使っていたのはクリストフルの百合の紋章型の物だったが、ベルギーで見つけて大事に使っていたすばらしいアール・ヌーボーのセットも交互に使われた。そして、これらほとんど骨董品に近い食器のための専用引き出しが作られた。それぞれの食器の一組をキャビネット・メーカーに持っていき、仕切りがきちんと合う大きさになるようにあつらえられた。百合の紋章のセットはキッチンに置かれた日本製の食器棚の、グリーンの中敷きを施した6つの幅の狭い引き出しに収められた。

ダイニングにも2枚のパターソンの絵が飾られていたが、それらは特注のものだった。フレディは長年パターソンの絵を集めていたが、壁を見渡すとその影響を受けたと思われる様々な方向性を持ったアーティストの作品が並んでいた。パターソンの絵の特徴は色だった。抽象的なデザインに多くの色が用いられ、彼の生まれ故郷であるジャマイカの田舎の風景をフィーチャーした南国の風景をテーマにしていた。ダイニング・ルームに飾られていた2枚の絵の1枚もそういった作風で描かれていたが、その家はちょっと傾いており、まるで激しい嵐に遭った後のような感じがした。

ダイニング・ルームへの4つのドアのひとつはキッチンに続いていた。キッチンの床には白黒チェックの四角いセラミックタイルが敷かれており、縁はダークグリーンをしていた。その端のほうには大きなアマナ社製のふたつの冷蔵庫があり、1台はアメリカンスタイルの2ドア式のもの、もう1台は氷を作ったり飲み物を冷やす専用に使っていた。キッチン・キャビネットはボフィ社の濃い赤のものだった。それは彼がニューヨークのパークシャー・パレス・ホテルのペントハウス・スイートに滞在していた時に思いついたものだった。ちなみにニューヨークで彼が乗っていた車もこの色だった。

キャビネットの表面には、ロビン・ムーア・エドに勧められてその当時まだ新しかったコーリアンという素材を取りいれた。表面に傷がつかないことがウリで、たとえばパン切りナイフで切り傷を付けたとしても、傷はレイヤーを削ぐことで消えてしまう。1～2年後、オフホワイトからクリーム色に変色した表面は職人が来てヤスリで磨いていた

キッチンの中央には準備台があった。それは車輪の付いた肉屋の台車のようでもあったが、ワインを中にしまえるように特注でデザインされており、4つの食器戸棚とナイフやヘラ、スプーンなど必要な台所用品をしまっておける引き出しも付いていた。反対側の窓の下には大きなシンクがふたつあって下には皿洗い機、4つ穴のガスコンロがひとつにオーブンが3つ、製氷器と電子レンジがあった。また朝食の時に使っていた6人ぐらいが掛けられる場所もあった。樽の形をした椅子が4脚、堅い木で作ったテーブルの周りを取りかこんでいた。部屋の隅には頑丈なウェリッシュ・ドレッサーがあり、中にはやはりディナー用の食器類が収められていた。

離れにはユーティリティ用の部屋や脇道に通じる勝手口があった。この部屋には洗濯機や乾燥機、飲み物用の専用冷蔵庫が置かれていたほか、ワインセラーにはモントルーで大量に買いこんだ白ワイン、セント・サフォリンを保管してあった。キャットフードやドライトマトなどの乾物、クリスマスケーキやプディングもここにしまわれていた。乾燥機の上にはエルナー社のプレス・アイロンが置いてあった。それはオーストラリアのテレビ番組『プリズナー・セルブロックH』の中で使われていたようなもので、時々使っているところを誰かと出くわすと「オーストラリアの囚人」とか

らかわれた。洗濯はすべて家で済まされたが、ダイニング・テーブルに使う大判のテーブル・クロスだけはケンジントン・ハイ・ストリートのジーヴェスにクリーニングに出していた。ドライ・クリーニングが必要なものに関しては、もちろんフレディの服もジーヴェスにクリーニングを頼んでいた。クロスがきれいになって戻ってくると、折り目の付いたままそれをテーブルに敷くのを嫌ったフレディが仕事をしていない誰かを見つけては、こんなふうに声をかけていた。

「おや、君は何にも仕事がないのかい？　じゃ、クロスにアイロンでもかけてもらおうかな」

ジムが作った猫用の跳ね扉の出入り口はふたつ、ユーティリティ部屋とキッチンにあった。猫最優先のセキュリティ面に関して言えば、フレディは家をカバーできる最低限しか安全策を講じず、保険に関してもそうだった。刑務所のような印象を与えるだけでなく、諸々の理由で警備を厳重にすることをフレディは嫌った。毎回警報機が鳴るたびに、私たちは猫たちの居場所を確かめて「猫招きの儀式」をしなければならなかった。猫は隠れている場所からシッシッと追いたてられたり、何かでつるなどしてキッチンに集められた。もし1匹でも足りなければ、確実に戻ってくるような方法をとるしかない。庭でエサの入った缶詰をカンカンならすのだ。すると外をブラブラしていた放蕩猫はあっという間に塀を越えてエサに飛びついてくるため、そこをサッと捕まえて仲間たちの所に連れもどすわけだ。フレディの死後、記念品を求めてやって来る心ない輩のために、警備は強化せざるを得なくなってしまった。今は警報機を解除しないかぎりスズメの1羽すら庭の中には入って来られないような状況になっている。

庭は少しずつ手が加えられ、フレディの求めるままに断続的に造園や改造が続けられ発展していった。越してきた時、庭はクラシカルなエドワード調とはいえ、徹底的に修復が必要な、レンガと支柱でできたつる棚と大きな低木で端が仕切られたただっ広い芝生の庭だった。とはいえ、すばらしいマグノリアの木が2本、1本は小径の脇、もう1本は「日本の部屋」の脇にあった。長い年月を経てバラの花壇にはあずまやが作られ、つる棚には再び藤の花が咲き乱れ、低木のあった場所には日本庭園と池が広がった。日本庭園の中にはふたつの小さなあずまやが作られた。そのうちのひとつは私たちがやがて「バス停」と呼ぶようになったものだ。フレディは日本人の庭師を雇い、何度も採掘場に通っては庭に手頃な石を選ばせた。石が家についた時は大きなクレーン車のリフトでトラックの荷台から外壁越しに、所定の場所に設置された。重さが1トン以上する石もあった。ひどく時間のかかる作業だったが、フレディにとっては手間をかけるだけの価値があった。それは彼がロンドンの街の片隅に作った大好きな日本の断片だったのだ。

再びロビン・ムーア・エドがインテリア・デコレーターとして登場した。彼とフレディは信頼関係を深めていた。そんなふたりの関係にまつわるエピソードがある。エドはダスティン・ホフマンから仕事を依頼されたことがあったが、ある日フレディのところに「ダスティンにガーデン・ロッジを見せてもいいだろうか」と連絡してきた。フレディは快く承諾して、訪ねてきたダスティンとその家族にお茶を振るまい、その時、ダスティンに頼み事をした。日本製のカードとフェルトペンを渡しながら私のほうを指して「今日は彼の誕生日なんですよ」と言ったのだ。ダスティンはカードに「ハッピー・バースデイ」のメッセージとローソク付きのケーキのイラストを描き、サインを入れて私にくれた。

　南側の壁にはライムの木が密集してプライバシーの保護になったが、西側の2本のプラタナスの巨木は定期的に枝を落とさなければならなかった。フレディは、温室をかつて大きなニオイニンドウの蔦がからまっていた東側の壁の前に作った。しかし、ローガン・ミューズのコテージの建物に向きあわせて建てたかった。ローガン・ミューズの1階にあったガレージのドアはガーデン・ロッジの敷地内にあった。フレディはミューズの建物の1階の所有権は有していたが、2階は別の人物の持ち物だった。そのため彼が自分の温室を建てるためには、2階の所有者がそこを手放すまで待つしかなかった。しばらくして、フレディの情熱に負けた所有者が権利を売ってくれた。ようやくフレディは、改築して装飾を加えられる新しい建物を手にすることができた。

　ミューズのコテージはふたつの隣りあった地所にまたがっていた。厳密に言えばローガン・ミューズ6番地1階はガレージで、5番地1階2階と6番地2階は住居だった。フレディは住居空間の占める割合を変えずに保とうとしたが、結局温室を建物に並列して建てて6番地1階にある居間と温室を結んで通れるようにしようと決めた。そのためガレージを5番地1階に移すためにはコテージの内部を壊してやり直す必要がでてきた。

温室の天井はプレキシガラス製の弓形の切り妻屋根になっており、正面と脇にはガラスがはめこまれていた。3ヶ所の大きなエリアに分かれており、いろんな色の南国の花々が咲き乱れ、ブーゲンビリアやチョウセンアサガオ、ゴクラクチョウカやいろんな色のゼラニウムなど、年中何かしらの花が絶えることなく咲いていた。またダイニングと座れる場所ももうけられていた。そこに置かれた家具はサトウキビで作られ、クッションはイビサ島で購入したカラフルなストライプ模様の布地で覆われていた。イビサ島といえば、フレディがホリデーを過ごす唯一の場所だった。イビサは、そこに家を持っていたロジャーの紹介で知った。フレディは島がたいそう気にいり、ロジャーの家やサン・アントニオ・アバドの外側にあった小さな丘に囲まれたトニー・パイクのホテルで毎日シャンパンづくしの日々を過ごした。

ミューズの2階には4つの寝室があった。そのうちの3つにはすばらしいバスルームが付いており、残りのひとつはトイレ付きだった。メインの寝室とバスルームは元々あった3つの部屋を併せたものだ。フレディは自分のバスルームと同じように、大理石をふんだんに使っていた。彼は大理石が好きで、バスルームのパネルやドアの周りの化粧板にもそれふうの模様を施した。寝室の入り口にはドレッシングルームがあった。2番目の部屋はフレディが日本への買い物ツアーで買ってきた壁紙が使われていた。それは金色で栗の形をした和風の模様がついたものだった。バスルームも日本風な雰囲気だった。そして3つ目の部屋は私の部屋だった。寝室の色はくすんだグリーンで、バスルームのものすべての表面は黒い花崗岩で仕上げてあった。

ローガン・ミューズ5番地部分の建物1階にはふたつのガレージが作られた。2台の車のうちベンツはいつもテリーが運転していた。ロールスロイスは滅多に使われることがなく、それまではノース・ロンドンのガレージに保管されていたがフレディの死の前にこの場所に移された。ガレージの裏には、凝り性のフレディらしく完全に施設が整えられたスパが作られた。スチームルームやサウナ、長さ12フィートのジャグジー付きのプールがあり、全体がローマの踏み石や壁飾りをイメージしたハーフ・インチ四方のモザイクタイルで覆われていた。アクアマリンを背景にしてデザインと模様は対照的な色のタイルを使って並べられた。プールは一見普通のブルーに見えたが各タイルの色が微妙に違っており、手作りタイルとは思えなかった。

フレディのデザインへの情熱はミューズの再開発でも終わらなかった。彼はスイスのモントルーの湖畔のリゾートがとても気にいっていた。特に晩年の1〜2年、そこでの生活は彼に穏やかな生活を提供してくれた。バンドがレコーディングをモントルーで行っている間、フレディはダック・ハウスで過ごしていた。フレディは何度かジム・ビーチと話しあって、土地資産をもうひとつくらい他国に持っても不都合はないだろうという結論にたどり着いた。ジム・ビーチはフレディのためにいろいろな物件を見てまわって、ジェネバ湖を見渡せる素敵なペントハウス・アパートを見つけてくれた。アパートは上階の4分の1を使っていたが寝室や居間、ジョーのお気に入りだったキッチンから成りたっていた。フレディはこの新しいデザイン・プロジェクトにまっしぐらに突きすすんだ。賃貸契約を解決する問題があり、引っ越しは手間取ったが、そんなことで彼の念入りな計画やら家具の買い物は止まらなかった。ダイニングには再びルパート・キャヴェンディッシュの店からアンティークのビーダーマイヤーの家具が届けられた。フレディが世界中のオークションのカタログを集めては追いかけるなか、私も何度かサザビーやクリスティーの家具や絵画のオークションに出かけた。ニューヨークのオークションにも参加してバージェスの絵画を買ったこともある。エンペラー・スイートの応接間の家具は私がサザビーのオークションで競りおとした後、業者のところに直送しモントルーのアパート用に修復をかけた物だった。フレディは修復に購入額以上の金をかけたが、結果は実にすばらしかった。モントルーのアパートに出かけた人たちはいつでもその景観のすばらしさや、フレディの最後のバースデイ・ケーキのモデルになった建物を誉めていた。

第5章：プライベート

ロンドン・ライフ

私たちが朝一番にする仕事は、新聞読みだった。ザ・サン、デイリー・ミラー、デイリー・メイル、デイリー・エクスプレス、そしてザ・ガーディアン。それらを一読し、クイーンの宣伝会社スコット・ライズマン・リプセイ・ミードの広報担当者ロキシー・ミードの目をかいくぐって記載された非公式の記事がないか探した。フレディにとって新聞はただ生活習慣としてあるべき物だったし、テレビなどのニュースに特に関心をみせるわけでもなかった。

フレディが起床する時刻になると、私たちスタッフの誰かが部屋に紅茶を持っていった。大抵、彼はベッドに入ったまま起きており、その日の予定を立てていた。その際、朝食に何を食べたいのか聞く。メニューは、トーストとマーマレード、あるいはカチョリというインド風スクランブルエッグなど様々だった。朝食の飲み物はいつでも紅茶で、コーヒーは稀だった。時々フルーツ・ジュースも朝食に出したが、紅茶は欠かせなかった。

朝食の間、もしくはその後に1日のスケジュールが告げられた。運転手のテリーは毎日、10時半から11時までの間にはガーデン・ロッジに来ていた。フレディが11時前に外出することはなかった。

外出をしない日、もし陽気のいい日なら庭をブラブラしたり、11時ぐらいになるとランチに誰を呼ぶかを考えだす。フレディの指示で私たちの誰かひとりがゲストに電話している間に、残りの者はメニューの買い出しに出かけたり、いそいそと支度をはじめた。ランチについて、フレディは招いた客たちに楽しんでもらうことを心がけていた。メニューは、シンプルなフィッシュ・パイや何人来ても大丈夫なように4種類ほどのコースが用意された。

私はフレディにアスプレーの本を買ってわたしたことがある。それはランチパーティやディナーが記録できるものだった。片方のページにゲストやメニュー、ワイン、花、そして服装が記入できて、もう片方にはテーブルプランを書くことができた。この本は同じ顔ぶれのゲストに「同じ料理を3度も出す」のを避けるのに役立った。招待客のなかには、女優もいた。テーブルの周りに多くの女優たちが勢ぞろいするのは夢のようなことだったが、フレディはあくまでもフレディらしくそれを実現した。私とジョーが待機していたキッチンまで楽しそうな笑い声が聞こえてきたものだ。

フレディには、彼が大好きな「Aランク女優リスト」というものがあった。そのトップに常時君臨していたのがマギー・スミスとディアナ・リグだった。ふたりはフレディがモンセラと仕事を始めたように、いろいろな分野をまたいで活躍していたからだ。フレディの「Aリスト」には他にもエヴァ・ガードナーなどたくさんの女優の名があった。

エンターテインメントの世界は実に不思議な世界だ。1日20時間も一緒に過ごせばお互い親しくなれるが、動物の習性と同じように会ってから次に会うまでに1~2年、間があくこともおかしくない。また業界の仕事は9時から5時の月曜から金曜といったような規則的な仕事ではないため、フレディはランチを友人たちの再会の場にしようと考えていたところがあり、いろいろな活動のフィールドからゲストを選んでいた。もちろんその多くの友人たちはパフォーマー、音楽家やアーティストだったため、彼が声をかければいつでも自由にやって来られた。

もしランチに出かけるなら、ブロンプトン・ロードのイタリアン・レストラン、ポンテヴェッキオや、フルハムロードのメリディアナがお気に入りだった。とはいえ、彼のレストランの趣味はイタリアンばかりではなく、むしろ多岐にわたった。中華料理、インド料理、そしてレバノン料理もあった。中華に関してはゼン・グループのレストランが好きで、インド料理を食べに行くならパトロンをしていたシェザンが行きつけだった。もう閉店してしまったが、ナイトブリッジのモントペリエ・スクエアの奥、シェバルパレスにあった店だ。フレディはインド料理が好きだった。レバノン料理のレストランはケンジントン・ハイ・ストリートにあったが、私たちは当時ブームになりつつあったタイ料理もフレディに勧めた。彼はトム・ヤム・クンなど辛いスープを好んだ。昔から通っていた行きつけの店には、チェルシーのキングス・ロードのちょっとはずれのラ・ファミリアがあった。コベント・ガーデン付近の店ではウェリントン・ストリートにあったオルソ、エクセター・ストリートの店、ジョー・アレンズもお気に入りだった。

フレディは、クレジットカードを持ちあるかなかった。そのため、出かける前には私たちの誰かが彼のアメリカン・エキスプレスのカードを持っていることを確かめるのが習慣だった。フレディが使っていたのはそのクレジットカードだけだった。食後、私かジョーがウェイターを呼んで勘定を済ませ、カードが明細書と一緒に戻ってくると、それを私たちが調べてフレディに手渡す。彼は、ほとんど自分で明細書に目を通すことはなかったが勘定がどれほどか大体概算で分かっていた。

ランチを済ませ買い物の必要がある時は、いつでもハロッズに出かけた。あのデパートは、唯一冒険を楽しめる場所だった。フレディはよく香水を買って、知人にプレゼントしていた。それはガーデン・ロッジの家政婦グラディスやメアリー(・パイク)、そしてマーギーにまで及んでいた。気にいったものを見つけると即座に買っていたが、日常使うような小物、たとえばトイレ用品や石けん、バスオイル、シャワー・ジェル、シャンプーなどを買うのは私たちの役目だった(フレディが好きなバスオイルは、肌にスムースな感じのものだった)。

フレディは洋服を買うことに関しては無頓着だった。普段はジョーか私がジャケットやシャツにジャンパーなど、彼が好きそうな服を買っていた。またマークス&スペンサーではカルヴァン・クラインのソックスや下着をよく買っていたが、特にフレディの指定ではなく、ジョーの趣味だった。イビサ島などの旅先ではたまにフレディが自分で服を買うこともあった。日本に行った際には、みんなの分のスーツとシャツを買ってきてくれた。私には黒いレザーのパッチのついた素敵な赤のウールのジャケットを。フレディは、デヴィッド・チェンバーズが特注で仕立ててくれたスーツを持っていたが、私生活では特にオーダーメイドの服は着ていなかった。家ではスエットの上下でブラブラするのを好んだ。彼は別に流行最先端の衣装を着る必要などないと考えていたし、ただ着心地のよい物を着ていただけだった。後年はスーツを着る機会が増えたが、バーやクラブに出かける時はジーンズにTシャツ、そして革ジャンが定番だった。靴はスニーカーをよくはいていたが、ヘビーなものははかなかった。特に晩年にはぴったりした革靴は足に負担がかかったためはけなかった。

誰かのバースデイ・プレゼントを買う時には、ニュー・ボンド・ストリートのラリックをよく訪れた。そしてジム・ハットンやジョー、メアリーそして私のうちの誰かが誕生日を迎えると、必ずバースデイ・パーティを開いてくれた。フレディにとってプレゼントを贈ることは、自分が受けた友情に対するお返しだった。

ラリックの近くのティファニーやカルティエ、サザビーズにもよく寄った。サザビーズに午前中出かけると、大抵サウス・オードリー・ストリートのリコックスに足を伸ばしてそこでウェルシユ・ラビットやライス付きのその日のお勧め料理など軽くランチを済ませた。午後に行くような場合にはサンドイッチとアールグレイをオーダーした。それはクイーンのマネージャーがジョン・リードだった頃からの習慣だった。というのも彼のオフィスはしばらく、そのすぐ隣にあったからだった。リコックスの帰りにはいつも、店の選んだゴディバのチョコレートを2、3箱買っていた。フレディはチョコと同じくらい外側の包み紙が気にいっていたため、みんなに中身を早く食べるよう急かした。空になった箱は、ディスプレイとして飾っておくものもあった。フレディと箱には深い結びつきがあった。

フレディは、宝石がはめこまれていたり、エナメル張りだったり、そうした小箱をたくさん持っていた。部屋のベッド際の引き出しの下段には、日本製の磁器が入っているような箱をためこんでいた。酒用のとっくりとお猪口が入った木箱や、自分で買ったり人からもらったりしたブローチなどお気に入りの宝石類等々。額に入れて部屋中に飾ってある以外の写真や個人的な書類などは手元に置いてよく眺めていた。手紙やカードも長年の分がためこまれていたが、それらはとても個人的なものだったし、どれも特別な意味があった。

フレディ宛ての郵便物はすべてキッチンテーブルの彼の席、長椅子の一番手前に置かれていた。中身を傷つけるのが嫌だったフレディはナイフを慎重に使って封筒を開けると、それが秘書であるメアリーが目を通す必要があれば分けておいた。マネージメントや経理関係のものの控えは私たちがペーパー・フォルダーに綴じて、居間の整理ダンスに保管しておいた。そのタンスの引き出しには「過激なファンレター」も保管されていた。フレディは2、3度狂信的なファン（実際にはファンとは相対するものだが）から一連の手紙やカードを送りつけられたことがあった。私たちは警察からそういった一種の脅迫状は捨てずに保管しておくようにアドバイスを受けていた。それらはほとんどが「もし俺に気がつかないなら、お前の所に出向いていってやる」といった類の内容だった。フレディは一見うまく対処していたが、その胸中は分からない。

個人的に返事を出す郵便物に関しては、フレディのカード・コレクションの中から即したものが選ばれた。カードはびっくりするほど羽目をはずしたふざけたものから、いかにも母親に送るのに相応しいものまで、いろいろな趣向やスタイルのものまで揃っていた。フレディは日本を訪ねると私用に莫大な種類のカードを買いこみ、自室のベッド脇の引き出しにしまった。彼はバースデイ・ブックを持っており、家族や親しい友人たちの誕生日や記念日を書きいれ、日々チェックしていた。

しかし友人の両親に会ったり、交流を持つようなタイプではなかった。私の母が入院した時には大きな美しい花束を見舞いに贈ってくれたが、彼は基本的に他人の家族にはほとんど関心を寄せなかった。彼の話を聞いていると、まるで彼には子供時代がなかったのではと思うことがしばしばあった。幼少の頃は言わずもがな、ロンドンで暮らしだした10代後半に通っていたアート・スクールでの生活さえもほとんど語ることはなかった。彼の人生は、家族と離れてビクトリア・ロードでひとり暮らしを始めた時から始まったかのような印象を受けた。

フレディは、両親（ボミとジャー）、そして妹のカシミラをいつでも手厚く保護してきた。彼らには理解し得ない、または受けいれられないものから守ろうとしてきた。彼らが何も知らなければ、何も語れることはないと思っていた。つまり両親を困らせるようなマスコミが実家に押しかけたり、そんな輩の策略にはめられるような目に家族を遭わせたくなかったのだ。また家族と一定の距離を置くことで、自分も彼らへのうしろめたさのようなものから身を守ることができた。

友人といえども、フレディは両親と引きあわせるようなことは決してしなかった。両親が訪ねてくる時、ジョーや私は外出していなければならなかった。立ち会いを頼まれたのはメアリーだけだった。彼の両親は彼女がフレディと一緒にフラットをシェアしていた時に紹介されて以来、彼女のことを気にいっていた。両親に対して自分がちゃんと「普通」の生活を送っているという印象を与えたかったフレディとしては効果的だった。「普通」とは、異性愛の中の「ストレート」である必要はなかったが、両親が自分に対して感じるかもしれない恐れを和らげ、また彼の人生には安定し継続している関係があり、何も悪いことなど起こりそうにないと、厳格なパルシー教徒である彼らを安心させるものだった。クリスマスの頃になると、フレディは両親たちの元に出かけていってはプレゼントをもらって帰ってきた。

友人たちには驚くほど寛容だったフレディは大事な友を楽しませようと様々な趣向を凝らしたパーティを開いた。「アッド・ハット」パーティ然り、「エビの木」やびっくりするようなケーキが登場したバースデイ・パーティなど。なかでも何より楽しみにしていたのがクリスマス・パーティだった。フレディは世界のどこにいようと伝統的なクリスマスにこだわった。クリスマスイヴの日、ガーデン・ロッジには多くの友人たちがやってきた。

後年はいつもマイク・モーランがピアノを弾いて、皆でクリスマス・キャロルを歌った。伝統的な英国風でいくならピアノを囲んでキャロルを歌うのはいかにもビクトリア調だろう。フレディはキャロルを歌うのが好きだった。それはクリスマス一番のハイライトだった。ある年はステファニー・ビーチャムと子供たちがキャロルを歌ってくれたことに大いに喜ばされた。この歌の輪をフレディはとにかく楽しんでいて、特にピーター・ストレイカーとケニー・エヴェレット（'75年〈ボヘミアン～〉の大ヒットに貢献して以来、彼は長年の友だったが後につまらない誤解が元で絶交してしまった）と一緒に、時々即興でキャロルのハーモニーのセッションもした。

翌25日にはクリスマス・ランチを楽しんだ。ランチは昼の2時頃から始まった。必ず参加していたのはメアリーと彼女の恋人、ピーター、トレヴァー・クラーク、そしてルディ・パターソン、グラハム・ハミルトン、ゴードン・ダルジール、デイヴ・クラークと彼の友人のジョン・クリスティ、ヤスミン・ペティグルー、ジェームズ・アーサーと彼の友人ジム、ポール・プレンター（彼が元気で出入りしていた頃は）、それにもちろんジム・ハットン、ジョーと私というメンツだった。

ランチの後、本当のお楽しみが始まる。プレゼント・タイムだ。ランチ参加者全員が、出席者各々のためにプレゼントを持ってきていた。みんな平等にプレゼントを手にできるようにという、フレディの優しい計らいだった。とはいえ、フレディ本人だけは例外で、山のようなプレゼントをもらっていた。居間の中にはまるで嵐でも吹きあれたように包装紙の山と、きらきら光る飾りやリボンの海が残り、それらを捨てるのにトラックが呼ばれるほどだった。フレディは自分でプレゼントをラッピングしていたわけではないが、いつでも自分でカードは書いていた。

家には、いつも食料がたくさん用意されていた。だが、フレディは食べ物を捨てるようなことは許さなかった。彼がこだわったのは食材は常に新鮮なものを使うこと。肉を買っていた行きつけの店はホランド・パークのリッジゲーツだった。私はよくジムの車に乗せてもらって買いだしに出かけた。リッジゲーツはいつもフレッシュで目新しい、自家製の品を取りそろえていた。それはパテやラム肉とリークの入ったミート・パイ、キッシュやチーズなどだ。私は肉屋の従業員ととても仲良くなった。今でも店に行くと覚えていてくれる。私たちはいつも現金か小切手で支払いを済ませていた。毎週肉屋に払っていた金額は平均して100ポンドほどだった。

元気な頃のフレディはランチを軽くすませ夕食をしっかりとった。日中、街の中で過ごすことの多かった間はそれで十分だったのだろう。ガーデン・ロッジに越してきたばかりの頃は、食べ物に関しては何でも食べていた。野菜はさっと茹でたビーツにレモン汁とクミンを散らし、パルメザンチーズを振ったパースニップをローストしたものが大好きだった。皮をむいたパースニップを5分ほど茹でて水気を切り、まだ器の中で湯気が立っているうちに小麦粉と塩こしょうを混ぜ、パルメザンチーズを振り乾燥して金色になるまでローストした。そして何より目がなかったのがシチューで、ディナーのテーブルに頻繁にのぼったのは小麦粉を丸めたダンプリング、ジャガイモ、牛肉の赤ワイン煮で作る「ジム・ハットン風アイリッシュ・シチュー」だった。私の作るいわゆるビーフ・ストロガノフも気にいってくれた。ラムのホットポットやチリ・コン・カーンも好物だった。フィッシュパイはポテトやパイ生地をつけたフィッシュパイに、トラディショナルなステーキやキドニー・パイも好きだった。

とにかくフレディは手の込んだ食べ物が好きだった。そのため子牛の骨付きすね肉をトマトなどと一緒に煮込んだオーソ・ブッコ、インド風のダーンサク、クルマエビのクレオール、マダー・ジャフリー風のラム、そして毎週日曜にはトラディショナルな肉のローストを作った。クリスマスにはもちろんターキー、ボクシングデーにはポークのローストが振るまわれた。

フレディの母親の作るチキンパイはすばらしい黄金色でパリッと焼けたパイ生地でソーセージと茹でたマメとチキンのホワイトソースを包んだものだった。フレディの封印された少年時代の話の中で、唯一話してきかせてくれたのが食べ物の話だった。カチョリのほかにもいくつかインド料理の好物があって、ひとつは鶏肉と野菜で作るダーンサク、そしてまめを煮込んだダール、またファルーダというミルクセーキのような飲み物も好きだった。それは牛乳とローズウォーター、そしてタピオカぐらいの大きさの砂糖菓子を使うのだが、そのつぶつぶは牛乳に入れるとゼリー状になった。そして時々レストランでデザートとして出てくるアーモンドを挽いて冷たくしたインド風アイス・クルフィも作ることがあった。

フレディはデザートに特に目がないというわけではなかったが、週に1度焼いたケーキは私の母のレシピに載っていたアーモンドとチェリーのケーキだ。小麦粉の代わりに挽いたアーモンドの粉を使うため、かなりしっとりと仕上がる。ケーキは作った当日に全部食べられるケースが多かった。

晩年になるとパターンは逆転し、フレディはしっかりしたランチを家やレストランでとり、夕食は家で軽くすませるようになった。私たちはウェルシュ・ラビットや少し魚のソースを振りかけたスパゲッティを作った。パスタにトマトのレッド、ホウレンソウのグリーン、そして普通の3種類の麺を使っていたが、それぞれの色によってソースも様々に工夫が凝らされた。普通の麺にはスモークサーモンやチーズ、そしてクリームソース。グリーンの麺はボロネーゼによくあったし、レッドには「プリマベーラ風」と題して、キャロットやスイートコーン、スノーエンドウなど季節のミニ野菜をふんだんに使った。また麺の細いカッペリーニをガーリック、チリ、パセリと一緒に炒めて混ぜあわせたものも好きだった。

フレディは病気になるまでは、インディアンやメキシカン、中華などスパイシーな食べ物も好んで食べた。もちろん「スパイシー」というのはただ単にチリがふんだんに入っているような辛いだけの食べ物ではない。また、フレディはちょっと味の濃いめのチェダー・チーズが好きだったが、晩年は刺激の強い味を受けつけられなくなった。食べるとすぐに吐き気を催したり、喉に詰まるような感覚がすると訴えた。そんな症状が出るようになってからは薄味のスープや、普通のスクランブル・エッグを作るようになった。チーズに関してはコースのメニューに頻繁に登場していたわけではない。フレディが育ってきた気温や文化では、チーズが食卓に出されるのは稀だったらしい。

最後の何年か、フレディがクラブやバーへ足を運ぶことはなかった。元気だった頃には、彼の「ファミリー」の核になる人間たち（ポール・プレンター、ピーター・ストレイカー、ケニー・エヴエレット、ウェイン・スリープ、ピーター・フォン・カッツエ、ダグラス・トロート、トレヴァー・クラーク、ルディ・パターソン、ヤスミン・ペティグルーほか）と運転手ひとりを伴って、快楽の館に繰りだしたものだ。その後「ファミリー」の構成員にはゴードン・ダルジールやグラハム・ハミルトン、それに「ニューヨークの娘たち」やバルバラ、ヴィニーらミュンヘンの友人たちも加わった。友人がフレディ宅に集まると、車に乗りきらない友人たちは用意されたハイヤーや自分の車を使って、フレディのリムジンの後を追った。

フレディが運転手を雇っていたのは、料理のうまいものがコックになればいいのと同様に、運転のうまいものが運転をすればいいと考えていたからだった。そんな彼でも、何度か自動車教習所に通ったことがある。しかし、それは1度か2度ゆで卵を作ろうとした時と同様に、暇つぶしの域だった。彼にとっては、道路やその道筋を覚えたりするより曲作りに頭を使うほうが有意義だった。

私がフレディと会ったばかりの頃、彼の行きつけの店はアールズ・コート・ロードのコレールネとジャーミン・ストリートのモンクベリー・クラブだった。やがてボンド・ストリートのエンバシークラブに変わり、そこでステファン・ヘイターやマイケル・フィッシュと楽しく過ごした。コレールネにはしばらく出入りしていたが、いつの間にか足が遠のいた。代わって通うようになったのが、アールズ・コート・ロードのコパカバーナという店だった。フレディは地元に根を下ろすようになった。そこは彼の家から歩いて3分ほどの場所にあった。もちろん彼が歩いて通ったりするようなことはなかったが。

ウェストエンド辺りのナイトクラブで騒々しく遊んでいた時と違って、コパカバーナで私たちはなるべく人目をひかないようにできるだけ静かにみんなで固まって座っていた。店に入るのに、列を作って並ぶ必要もなければ入場料も不要だった。というのも、フレディがより多くの金をバーに落とすため、店のオーナーがそう計らってくれた。フレディが何か飲み物が欲しいと言うと、他の誰かの分も含めて私たちが取りにいった。その額は滅多に20ポンドを下回ることはなかった（あくまでも15年以上も前の値段）。フレディの酒の量は半端ではなかった。酒に関して「シングル」という言葉は彼の辞書にはなかった。彼はいつでもラージサイズのウォッカトニックを注文し、私たちはそれを彼がいつも陣取っていたフロアの片隅に運んだ。そこはちょっと暗くなっていたがクラブの全体を見渡せる所だった。もし気になる人物がいれば、まずポールが出向いていってフレディのことを話し、私たちの輪の中にその人物を招いた。人々は決して招かれないかぎり、私たちの輪の中に入ってくることはなかった。

世界的にも有名なロックスターを間近に見た人々の反応は訪れるクラブごと、さらに国ごとで違っていた。たとえば日本ではフレディの行く先々に50人ほどの集団がついてまわっていた。しかし彼らはみんな、自分たちの崇めるアイドルから節度のある距離（約12フィートぐらい）を保っていた。率いていたのは3、4人のファンで、その集団はまるでハレーとかハールボップ彗星の尾っぽを連想させた。ロンドンで私たちは6人ぐらいからなるグループでひと固まりになって店に入った。誰の注目も浴びないように誰の顔も見ることなく。側近の中の誰もが何も知らないという顔を装い、また周りの客たちは私たちに気がついても誰も特別な人間などいないんだと無頓着を装おうとした。それはまるでよくリハーサルを重ねたダイナミックな芝居のようだった。私たちは注目の中心にいると知りながら、名もない匿名の者になろうと心がけた。ごくごくたまに、フレディのプライバシーの鉄壁を崩そうとする輩もいた。だが、そういったことはほとんどなかったし、起こった場合にも周りにいた私たちがすべて対処した。

夕食後、どこにも外出しないような時にフレディは家でのんびりテレビを観ていることが多かった。フレディは決してテレビ中心の生活を送っていたわけではないが、友人の出演した番組や映画のほかライブ映像はよく観ていた。前もって誰かに録画しておいてもらったビデオが何本もあった。フレディはテレビで放映される映画に関して、どれを観ようかというプランはさして持っていなかった。たとえば、こうだ。ジョーか私がTVタイムスの中でマレーネ・ディートリッヒの特集があるのを知って彼に教えると、その時間には観たい気分ではないかもしれないから全部録画しておいてほしいと頼まれた。彼はディートリッヒのファンだった。

フレディは、映画から多くを学んで育った。ある意味、遠く離れ成長期に手をさしのべられなかった家族の代わりを映画が果たしていた。きっとそれは学校生活のつらい現実を忘れさせてくれたり、自分の道を考えさせてくれたり、また天にも昇るひと時を与えてくれていたに違いない。フレディは少年期より映画を通じてスターとはどんなものなのかを学んできた。彼が成長するのと同じ頃、ポップスターの元祖たるエルヴィス・プレスリーが映画でも大きなキャリアを築きはじめ、またイギリスではクリフ・リチャードが後に続き、そしてビートルズが続いた。とはいえ、フレディはそんな彼らと同様に映画に出ることを夢みていたわけではなかった。彼は自らが出演しているプロモの中でさえ、自分は役者ではないと思っていた。フレディは、最高の映画監督によって作られた映画を一観客として楽しんでいただけだ。

フレディと共に過ごした12年間のうち、一緒に映画に出かけたのは2回しかない。1本は『レイダース―失われたアーク《聖櫃》』でマンハッタンで観た。スティーブン・スピルバーグ監督は、フレディが尊敬している監督のひとりだった。フレディは観客のグループが互いにポップコーンを飛ばしあっているのを面白そうに眺めていた。映画の後半に命令を下すドイツ人兵士役の口の中に1匹のハエが入ろうとするシーンがあった。われわれの少し前の列に座っていたニューヨーカーらしい大柄の黒人客は飛びあがって「ハエだ！　あいつハエを食おうとしてる！」と大声で叫んだ。フレディは閉口しながらも、お腹の皮がよじれるほど笑っていた。それは、映画館というより劇場を思わせる光景だった。2本目の映画は、ミュンヘンでバルバラやヴィニーら10人ほどのグループで観にいった『ネバーエンディング・ストーリー』だった。しかし、映画が始まって10分くらいたった頃、フレディは私のほうを見てこう言った「僕は出るよ。バカバカしいったらありゃしない」。フレディはミュンヘンで英語の字幕すらない、ドイツ語に吹き替えられた映画を観るはめになるとは夢にも思っていなかった。退屈嫌いのフレディが、約1時間半も自分の席で解せない映画をおとなしく観ているなど考えられないことだった。

ビデオ鑑賞の友は、ポップコーンとコカコーラではなくシャンパンとキャビアのカナッペだった。一番よく観ていたのは『お熱いのがお好き』とジョージ・キューカー監督の『ウイメン』で、セリフをそらで覚えていたほどだ。ラナ・ターナー主演の『悲しみは空の彼方に』も好きだった。そのタイトル（原題『Imitation of Life』）が気にいっていた。ラストシーンで、何度か涙を浮かべているところを見たことがある。

彼は、ハリウッドでも大物といわれる女優たちの強さを好んでいたように思う。たとえばノーマ・シアラー、ジョーン・クロフォード、ベティ・デイヴィス、リタ・ヘイワース、ラナ・ターナー、そしてディートリッヒらが出演している作品だ。総じて言うなら、モノクロの映画を好んで観ることが多かった。ニューヨークで彼のアパートのすぐ近くにグレタ・ガルボが住んでいたことを知ってとても感激していた。男優たちにはあまり関心を示さなかったが、フレディは自分の外見をバート・レイノルズに似せたかったようだ。1度か2度くらい「彼ってなかなかいいと思うよ」と言っていたのを覚えている。

ライブ・ビデオの中で気にいっていたのはプリンスのコンサートで、みんなにビデオを観るよう強要するほどだった。プリンスのテープをすぐさまデッキに入れると、フレディはリモコンを独占し、ゲストたちは彼が熱狂する様子に延々とつき合わされた。フレディがプリンスを好んだのは、彼が自分の若い頃とどこか似ているように思えたからだ。スリムなボディに、髪や目が黒く、エネルギッシュでステージ映えして、そのカリスマ性が小柄な体をとても大きく見せていた。他にアレサ・フランクリン、マイケル・ジャクソン、ディオンヌ・ワーウィック、ライオネル・リッチーなどブラック・コンテンポラリー系のアーティストが好きだった。

家でレコードを聴く時にはいつも私たちの誰かを呼んでいた。というのも、フレディはステレオのいじり方を知らなかったのだ。スタジオのミキシングボードは操作できたというのに。音楽的な才能のある彼だったが、家電製品となると話は別だった。たとえばキッチンの電子レンジなど、その代表格だった。ラジオで耳にしたり誰かが教えてくれた曲のレコードが欲しくなると、フレディは私たちにそれを買ってきてほしいと頼んだ。買いに行くのは、もっぱらジョーの役目でタワーレコードに出かけると、フレディが興味のありそうなレコードを抱えきれないほど買ってきた。

フレディは決して自分の子供を持つつもりはなかったが、他人の子供は本当にかわいがっていた。特にラインホルト・マックの息子でフレディが唯一名付け親となったジョン・フレデリックやテリーの息子ルークとは良い関係を築いていた。子供たちに望んだのは、まず年長者を尊敬することと絶対的な服従だった。恐らく自分の少年時代が反映されたものだろう。あまり手に負えない行いが続くと辟易していたが、それでも彼はガーデン・ロッジが博物館のような静けさに包まれることを嫌った。やんちゃで騒々しい子供たちが探検するようにはデザインされていなかったが、彼は好奇心旺盛な子供をかわいがった。

フレディは議論好きだった。彼には生きていくためにあえて戦いを挑むようなところがあった。フレディはドン・キホーテのように風車に立ちむかい槍で攻撃を仕掛けることを夢想していた。そんな彼にとって、インタビューは自分が信じていることを然るべき形にして伝える手段のひとつだった。ある時、過去に何度か取材を受けたことのあるデヴィッド・ウィッグのインタビューを受けた。それはセンターページにいくつかの写真と一緒に掲載される物だということで了承したのだが、最終的には編集者の判断で、それらの記事は要約され2ページ半のコラムになった。ウィッグが編集前のテキストを見せてくれたにもかかわらず、彼とのインタビューはその時かぎりとなった。そんなことになったのはウィッグのせいでないことくらいフレディも分かっていたが、彼らの友情にひびが入ってしまった。以来、フレディはどの新聞のインタビューも受けなくなった。

カメラマンに関しては、特にパパラッチを避けてわざわざ回り道をしていたわけではない。フレディは、当時イギリスで最も名の知れたパパラッチ、リチャード・ヤングとフォトセッションをしたことさえあった。彼はヤングの撮る写真が気にいっていたし、マスコミ連中の中でもまだデリカシーがあるほうだと思っていたため、彼との関係はとても円満だった。フレディは大勢のカメラマンたちを前にした際、最前列に陣取っている彼の姿を見つけると落ちつけた。また彼を自宅に招いて写真を撮らせたり、撮影した自分やオスカー、ティファニーといった愛猫たちの写真を個展で発表することも許した。

フレディは批評家たちを「パフォーマーくずれ」と見なしていたし、フレディ曰く「あらゆるパフォーマンスの後に寄せられる批評の大半は、批評家自身が実現不可能な、並はずれた事に対する妬みの感覚を表現したもの」だった。フレディは表現が何であれパフォーマーが自らの持てる力を

100パーセント発揮したら、同量の賞賛が得られなければ割に合わないと思っていた。自らパフォーマーである者として同業者には寛容だった。しかし、パフォーマーが自らの100パーセントを発揮しない時には、途中であっても席を立った。

他人のいろいろなレコードを聴いても、典型的なアーティストと同様にフレディが一番興味を示したのは彼自身の仕事だった。ミュージシャンとして、作曲家として、仕事こそが彼の人生だった。フレディの口癖は「僕と一緒の人生が退屈だなんて絶対言わせない」だった。

ニューヨーク・ライフ

ニューヨークでの生活は、まったく違うものだった。ロンドンでフレディの周りにいた人々は彼の生活そのものにどっぷり入りこんでいるケースが少なくなかったが、ニューヨークの友人たちはそれぞれに自分の生活を生きていた。なかでも、ジョン・レノン、オノ・ヨーコ夫妻やミック・ジャガー、ジュリー・ホール夫妻と懇意にしていたトニー・キングは、ジェームズ・アーサーズと並ぶフレディのニューヨークの大事な友人だった。

ある日のこと。友人のリサ・ロビンソンと一緒にアニーという女性がアパートを訪ねてきた。私たち4人はその日の午後を何気ないおしゃべりで楽しく過ごし、フレディも大いにリラックスしていた。その晩「ニューヨークの娘たち」がアパートを訪ねてきて、フレディに「今日は何をしていたんだい?」と尋ねた。彼が「リサとアニーなんとかという女流写真家が訪ねてきたよ」と答えると、リー・ノーランは驚いて信じられない様子だった。彼はその場にいた私たちの中で唯一アニーが何者であるか知っていた。アニー・リボウィッツは主にローリング・ストーン誌で仕事をしており、音楽業界では伝説的な存在だった。写真家として同業者のイコンとなり、多くの展覧会が開かれていた。リーはフレディに「彼女、どこに座ったんだ、なんの話をしたんだい?」と質問を浴びせた。フレディは彼女に写真を撮ってもらうことは1度もなかった。

ニューヨークの夜は、9時頃、フレディと私だけで食事に出かけることから始まった。お気に入りの店は、グリニッチ・ヴィレッジのクライドという小さなレストランだった。フレディは、車でバーやクラブの入口まで乗りつけることを嫌がった。目立ちすぎることを嫌い、いつでも少し離れたところに車を停めて歩いて店に向かった。そしてセイントのような店で知り合いが列に並んでいるのを見かけると、「自分も一緒に並ぶ」のだと譲らなかった。ニューヨークで彼はできるかぎり「普通」らしく振るまおうとしていた。ニューヨークのバーにいる時のフレディは堅苦しさを感じさせなかったし、大勢の人間に囲まれている必要を感じたこともなかった。ニューヨークには多くの有名人が住んでいたため、店に来ている人々も有名人を見慣れており、フレディも人が良さそうに話しかけてくる人々を怖がるようなことはなかった。

夜の探検になると、私たちはふたりでバーやクラブに出かけ、自由を満喫している人々に出会った。よく通ったバーはグリニッチ・ヴィレッジのアンクル・チャーリーズ、ウェストサイドにあるワークス、ロウワー・ウェストサイドを下って古い波止場の側にあるイーグルやスパイクといった店だった。水曜日にはたいていロキシーにローラースケートをしに出かけた。いつもの仲間たちがやって来ると、フレディはおもむろにローラースケートに履きかえていた。しかし、いつもベンチに座っているだけで、決してリンクに降りてきてふざけたりするようなことはなかった。帰る時間が近づいてくると、再びおもむろにスケート靴を脱ぎ、普通の靴にはきかえてカウンターにスケート靴を返しに行く。それが彼流の楽しみ方だった。

外出する際、たとえばバルビツールなどの興奮剤で気分をハイにした。マンハッタンのリバー・クラブに出かけた時、入口である人物からクエイルードを強く勧められた。その時フレディの友人デヴィッド・ホードー（彼はヴィレッジ・ピープルの中で工事夫の格好をしていた）は、道端の大きなゴミ箱に蹴りをいれてはしゃいでいた。

毎晩、最後に顔を出していたのはアンヴィルだった。そこは牛肉を積んだトラックが始終出入りしている倉庫街で、肉体関係を求めてやって来るような輩が多く出入りしていることで古くから知られた地区のど真ん中にあった悪名高いクラブだった。ヴィレッジ・ピープルのフィリペ・ローズがスカウトされた店でもあった。悪名高い店でも、店でかかっている音楽は最高だったし、朝まで酒を飲んで過ごすことができた。店の奥には秘密の部屋があったが、誰もそこに強要して入れられるようなことはなかったし、そこに来ている客や店の雰囲気もよく、誰もが気軽にくつろげた。フレディは呼び物の余興がお気に入りで、特にグレース・ジョーンズにそっくりの格好をした男が「バンパーに迫っておいで」と大声で歌う出し物を毎回楽しんでいた。観客は舞台上の男が身につけているものの隙間にチップをはさんでいた。

クラブ、ワークスのドアマン（ビア樽のように立派な体格のブロンドで髭を蓄えた男）を、フレディは「ワークス・ツアー」の間だけ雇ったことがある。だが、これがどうしようもなく使えない奴だった。あるカナダでの長い夜を過ごした後のこと、私たちはアメリカへ戻る飛行機に乗った。フレディと私が飛行機を降りる前に、乗員クルーはフレディが飛行機を降りて到着ターミナルを通る際、警備員を同行させることを許可してくれた。降りる時、フレディがスチュワーデスに「僕のボディ・ガードはどこ?」と聞くと、「眠っている」とのことだった。彼は激怒してこう言った「そうか、じゃそのまま放っておいて。もしどこかの街で目が覚めたって、それはそれであいつのせいさ」。私たちは男を残したまま、その場を後にした。彼を見かけることはそれっきりなかった。ウェスト・コースト・オブ・アメリカのホテルに帰って私が真っ先にしたことは、スティッケルスに電話して新しいセキュリティを紹介してもらうことだった。

そのクラブ、ワークスのバーテンダーだったリチャードにフレディがご執心だった時期がある。しかし、彼の想いはなかなか成就できずにいた。そうした南米ツアーの締めくくりとなるベネズエラ公演の時、カラカスでフレディはラテン系のエドワルドという男を気にいり幾晩か関係を持った。カラカスを後にする折、フレディはエドワルドにニューヨークに会いに来るよう誘った。ニューヨークに戻ってくると、フレディはある計画を練りはじめた。それはあのリチャードを陥落させるための作戦だった。フレディはとにかく彼を落とさないかぎり気が済まなかったのだ。夜のスケジュールに、ワークス詣が毎日組みこまれ、回を重ねるごとにふたりは打ちとけていった。

約束を果たそうと、エドワルドがニューヨークに到着したのは金曜の晩だった。私たちはレストランに食事にでかけた。エドワルドはその週ずっと働き通しで、その日も仕事を終えてすぐに飛行機に飛びのってきたためすごく疲れていた。フレディは彼に言った「いいんだよ、ディア。ホテルに戻れるように車を手配してあげる。もう少し飲んだら、すぐに僕も部屋に戻るからね」。しばらくそこで飲んだ後、私たちは日課のひとつになっていたワークス詣を敢行。何の因果か、その晩リチャードはフレディの誘いに乗って彼の部屋に来ることをオーケーした。フレディがあわてたのは言うまでもない。すでに朝の4時か5時ぐらいだったが、私たちはある計画を実行することになった。私はカラカス行きの一番早い便を手配した。それからスイートに戻り、フレディとリチャードがキッチンで我慢できずにいちゃついている間、寝室で寝ているエドワルドをそっと起こして見え透いた言い訳をした「あの後、フレディは知り合いに会って、大切な仕事をするためにコネチカットに行ってしまったんだ」と。エドワルドは、まだほとんど荷を解いていなかったので、私はそれをまとめると外に待たせておいたフレディの車で彼を空港へと送りだした。正直、私は心が痛んだ。

セイントもフレディがよく通っていたクラブだった。そこはロウワー・イーストサイドの古い劇場にあって、ニューヨークのゲイ・シーンの最先端をゆく店だった。私がそのクラブのニューヨーク市外に住む常連として名誉会員になったため、フレディの名前が店のゲストブックに一切載ることはなかった。会員になるのは簡単だったが、ロッカーを確保するには延々と予約待ちをしなければならなかった。町中を歩く格好からちょっとフェティッシュな踊り用の格好に変身するための衣装やら、夜の友であるドラッグを隠しておくためにもロッカーは必需品だった。

ドラッグを入手する方法はこうだ。金曜の午後、私は仲のよいディーラーの所へでかけた。時間帯が早いほど列に並んで待つ時間は短くて済んだ。ディーラーは小売り販売をスーパーマーケットのように行っていた。ドアを抜けるとそこにはテーブルがあり、ふたりの従業員がスチール製の道具箱をいくつも広げていた。それらの区分けされた中には様々な錠剤、粉末、液状のドラッグが入っており、それぞれの名前と価格が書いてあった。この「スーパーマーケット」に足りないのはカートだけだった。テーブルに沿って奥まで見てまわり、あらかじめ「買い物リスト」につけておいた品を選んでいった。フレディや週末に会うゲストに行きわたるよう十分に取りそろえる必要があった。端のテーブルは勘定用の場所でレジがないだけだった。ディーラーは品物にざっと目を通すと、どんな障害が起こり得るか説明した後、購入の量と額によっては値引きもしてくれた。買い物はもちろんひとりずつ済ませて、終わると次に待っている客に場所を譲った。そして土曜の夜、セイントでヤクを楽しんだ。気分をハイにしたい時は「アッパーズ」を、明け方ダンスフロアで落ちつくスローなナンバーがフロアに流れる頃には「ダウナーズ」というように。

誰かの家でぶっ続けのパーティが行われることもあり、入り口で興奮剤が手渡されたら、その場でそれを飲まなければいけなかった。ゲストがみんな同じようにハイになるためにも、ホストはそういった気配りが必要だ。フレディが自分のドラッグをみんなに寛大に分けあたえていたのは、いつも彼らが自分のために飲み物を持ってきてくれたりすることへの感謝の意味も込められていた。ニューヨークの友人たちは決してフレディを利用したりしなかった。

愛こそすべて

フレディの書いた作品の中には数多くの愛の歌がある。彼は多くの友人たちから愛されていたし、そのことはフレディが曲の中で愛を描くために必要な感情へと形を変えた。彼の主たる感情のはけ口は物を書くことだった。他方、肉体のはけ口は性的な快楽であり、それはタバコを吸ったり旅をするのと同じように気分転換の行為だった。バーやクラブで人と会うということは、結果として性的な接触に結びつく場合が多々あった。チャールズという青年がいた。モントリオールからやって来た彼は、ケベック出身だったためあまり英語を話せなかった。だがチャールズはニューヨークとロンドンに呼ばれて、フレディと一夜以上の関係を結んだ。それはセックスを求めただけで、フレディの中では愛とは関係のないことだった。

またある時、彼はトラックの運転手をしている男をナンパしたことがあった。その男は「クイーンのクイーン《おかま》がクイーンズ出身のクイーンと何しようってんだ？」とおどけていた。その若い男は本当にクイーンズの出だったかどうかは分からない。朝にその男がアパートに帰る途中で、カルティエの前を通った時、すでに店が開いていた。フレディは店の中に入って時計を買ってやった。いつもそんなふうに無意識のままプレゼントを買っていたわけではない。たまたまカルティエが開いていたからだった。セックスする前にプレゼントをもらった相手は私が知る中ではその男だけだった。

ここで、いささかゴシップ・ネタではあるが、吹聴されているフレディの噂について正しておきたい。フレディはルドルフ・ヌレエフとはなんの関係もなかった。ふたりはただ単にバルセロナで同じ日に同じ舞台に立ったというだけだ。もしフレディが本当にヌレエフと一夜を過ごすようなことをしていたら、いても立ってもいられなくてみんなにしゃべりまくっていただろう。互いにタイプではなかったのだ。ロック・ハドソンの件も然りだった。ロスのグローリーホールというバーの奥の間でロック・ハドソンと密会したという話だが、フレディは1度そのバーに飲みにいったことがあったものの、それ以上のことは何もない。彼は大衆の面前で人目をひくようなことは一切しなかった。私の知るかぎり、フレディはロック・ハドソンに会ったことはなかった。もし本当に会っていたら、私たちが知らないはずはない。フレディは、近しい友だちが喜びそうな自分のエピソードはどんな小さなことでも黙っていることはできなかった。さらにマスコミが報じたジョン・マーフィーがフレディの元愛人だったという説。フレディとマーフィーがとても親しかったのは確かだ。

だが、互いのベッドに忍びこむような関係ではなかった。私の知るかぎりフレディをＨＩＶに感染させたのは決して彼ではない。マーフィーは彼の愛人ジム・Ｗ・キングと本当にうまくやっていた。

フレディにとって「愛」とは、どういうものだったのか。彼は、普通の人と同じように愛を必要とした。むしろ、愛こそがフレディのすべてだった。彼の愛は、信頼から始まると言ってもいいだろう。彼は不思議と友人たちの良いところだけしか見ようとしなかった。しかし誰かを信用することをやめた瞬間、その人物を愛することもやめてしまった。「愛」とは自分の身をゆだねられる人間と一緒にいることだった。とはいえ、各々がフレディの愛のそれぞれ違った一面を受けとっていた。私は彼が自分を愛してくれたことを知っているし、メアリーのことを愛していたことも知っている。彼の愛を独り占めにできたものは誰一人としていなかった。

私は、ジム・ハットンがフレディのことを本当に愛していたことを知っている。しかしビル・リードがフレディのことを愛していたとは思えない。フレディとの関係が終わった時、彼は金のガチョウが飛びさるのが見えたに違いない。ポール・プレンターの場合は、もっとひどかった。ポールが内輪話をザ・サン紙に売りとばしたと知った時、フレディは心底傷ついた。いつもの彼ではなくなってしまった。ポールと関係がぎくしゃくしてきてはいたが、彼との友情をフレディは信じていたからだ。フレディにとって、ポールは使用人であると同時に近しい友だった。フレディの基本的な考え方は、使用人であれ友人であれ恋人であれ、自分にとっては関係を断ちがたい「友」だった。事実、フレディに雇われた人間のすべてが彼と友人になった。

そもそも、フレディの雇用関係は友人から派生しているケースが多かった。メアリーもそうだった。彼女はフレディと6~7年一緒に暮らし、やがて雇われる身となった。ジョー・ファネリは何年間かフレディの恋人だったが、やがて従業員になった。ジム・ハットンはサヴォイで床屋の仕事をしていたがフレディに店を辞めるよう勧められて従業員になった。このことに関するフレディの寛大さの根底には、彼自身の後ろめたさがあった。彼は、他人の生活を惑わせてしまったのではという思いに苛まれていた。たとえばジョーの場合、フレディは彼を'78年にアメリカ、マサチューセッツ州スプリングフィールドの家族や友人たちから引きはなす形でイギリスに招いた。ふたりの関係が終わった時、フレディは彼のことを故郷に追いかえすことなく、ジョーの外国人向け滞在期間延長の申請には毎年尽力した。メアリーの場合も同様だった。フレディがゲイであることを認めたことによって、彼女の様々な期待は打ちくだかれてしまった。フレディは誠心誠意尽くして彼女との関係を維持発展させていった。フレディの女性観はというと、「ただの仲間のひとり」的な考えのできる女性を好んだ。彼は人間そのものを男女の違いや大人や子供の違いで分け隔てるのではなく、一緒にいたいかいたくないかという観点でみていた。

勘違いしてほしくないが、フレディは金に物を言わせて友情を買っていたわけではない。彼の人間的な魅力、彼のスピリット、そして彼自身……フレディと関わり合いを持つ誰もが彼に引きよせられていった。まるで磁石のように。私は彼のすべての友人たちを代弁して断言できる。それは、その誰もがフレディ・マーキュリーという人間を知ることができたことに誇りを感じているということだ。フレディにとって友情と忠誠心は、金で買えるいかなるものにも代え難く、彼はそれに忠実であろうとした。

フレディはクイーンのマネージャーのジム・ビーチ、自分の会計士のジョン・リブソン（彼は、フレディのふたりの遺言執行者のひとりだった）、そしてガーデン・ロッジの芸術に携わってくれたロビン・ムーア・エドなどプロフェッショナルな助言者たちにとても忠実だった。リブソンとは、アポイントを取ったあと、ガーデン・ロッジだけでなく必要とあらばフレディがどこにいようとやってこられるように手配されていたし、それはロビン・ムーア・エドに対しても同じだった。

メアリーは、フレディ個人および会社の秘書として、保険などを担当していた会計士とのパイプ役もこなしていた。フレディは自分の財務にかかわることに関してはメアリーを誰よりも信頼していた。もし何らかの理由で現金が必要になった際、メアリーが用意した小切手にサインをし、それから彼女がケンジントン・ハイ・ストリートのクーツ銀行に行って現金を引きだしていた。

バンドのビジネス・マネージャー、ジム・ビーチとフレディは仕事上とてもよい関係を築きあげていた。彼はクイーンが結成された頃、ハーボトル＆ルイスで若き弁護士として働いていた。ジャズバンドでプレイしていた経験もある彼は、おそらく当時ロンドンで唯一ミュージシャン魂を理解できた弁護士だった。ジョン・リード、そしてセルフ・マネージングの時期を経てクイーンはジムを正式なマネージャーとして迎えたが、この頃メンバーたちは各々ソロ・プロジェクトに傾倒していたため、彼はそれぞれのメンバーと深く関わるようになり、バンドと同様に彼ら個々の代理も務めるようになった。音楽業界の中にあって、ジムは少々強引なことで知られていた。ビジネス交渉において、フレディはジムができる限りよい条件を確保しようと努めていることを承知していたため、ふたりの間には確固たる信頼と尊敬があった。フレディは、ジムと彼の妻クラウディアのためにプレゼントを選ぶのを楽しんでいた。フレディには粋で贅沢な上流階級のスポットなどまったく知識がなかったが、ジムはフレディに言わせればイギリス教育をしっかり受けたことから来る、十分に眼力のある文化的な嗜好を持っていた。彼からフレディはいろいろなことを学んだ。ペンブリッジ・ロードに構えられたクイーン・プロダクションは、ジム・ビーチによって最終的に一人前の組織になった。

バンドのメンバーに関していえば、フレディはジョンのことをとても尊敬していた。何よりも家族のことを大事にしていたジョンとは対照的に、ロジャーとブライアンはいかにもロックのスーパースターに近かった。ロジャーはクイーンの全盛期にはフレディと同じくらいタブロイド紙の見出しを多く賑わせた。彼はよく人目につきそうなパーティに、手を引っぱられて連れていかれるのを断りきれないタイプだった。ブライアンの私生活がマスコミに取りざたされるようになったのはもっと後のことで、それはもっぱらアニタ・ドブソンとの関係から生じたものだった。メンバーの誰かがパーティを開く場合には、それぞれ招待されてはいたが、バンドが連れだって出かけるのは稀だった。レコーディングの時などはナイトクラブへ出かけることもあったが、普段は仕事の付き合いの範疇にとどまり、一緒に外出することはほとんどなかった。

フレディは「フレッド」と呼ばれるのが大嫌いだった。親しい友人で彼のことをそう呼んでいた人間は誰ひとりいない。そんなふうに呼んだのはロードクルーに多かった。彼らにしてみれば彼は単なる野郎仲間だったからだろう。確かにパスポートには「氏名：フレディリック・マーキュリー、職業：音楽家」と記されていたが、彼は「フレッド」という呼ばれ方を決して好意的には感じていなかった。

では、フレディにとって大事な意味を持つ他の友人たちを順不同で紹介していこう。まずディヴ・クラークとの付き合いはプロフェッショナルな仕事上から始まった。それは彼の舞台『タイム』

のサウンドトラックをフレディが手がけたことがきっかけだった。フレディはデイヴのことを高く評価していた。デイヴはロックンロールに関していえば、'60年代からの生き残り組だった。そして、他人にマネージャーを任せたことがないほどの実務派タイプの切れ者だった。彼は自力で出世したキャリアの持ち主だったこともあり、フレディは尊敬の念を抱いていた。コンスタントな仕事で名声を得ている立場の人物と親しくなるのは有意義なことだった。一方、デイヴはフレディのことを自分のモダン・ヴァージョンだと思っていた。

デイヴを通じてフレディは彼の人生でも最も忘れられない一夜を過ごした。それはローレンス・オリヴィエ卿夫妻とのディナーだった。学生時代にオリヴィエ卿が朗読する、数多くのシェークスピア劇のセリフを耳にしたに違いないフレディにとって、それは紛れもなく忘れられない晩になったはずだ。その証拠に、あまりに興奮していたフレディは、彼らと何を話したのかさえ、まったく覚えていないほどだった。

フレディとデイヴは対等の立場で話を交わしあい、年を追うごとに友情を深めていった。フレディの最晩年、デイヴは面会を許された数少ない友人のひとりだった。輸血や血小板の点滴を受けるフレディに、デイヴは付きそっていた。

マイク・モーランも最初は仕事の付き合いから入って、やがてとても親しい友人となったひとりだ。フレディはマイクをすばらしいピアニストだと認めていた。出会いはデイヴの芝居『タイム』だった。フレディとうまくコラボレーションできたマイクはアルバム《バルセロナ》でも多くの曲に名を連ねたし、《イニュエンドウ》でも何曲かフレディとスタジオで一緒に作業を行った。友情が花開くとフレディは彼のハートフォードシャーの自宅へよく出かけるようになった。〈ザ・グレート・プリテンダー〉はマイクの自宅スタジオでレコーディングされたものだ。マイクは『タイム』以降、すべてのプロジェクトに関わった。〈バルセロナ〉に関してはビデオ制作にも関わったほか、クー・ナイトやラ・ニットのライブにも参加し、病のフレディの音楽的な手助けをする役割を担った。フレディの原案を損なうことなく、彼はフレディの織りなした音を発展させて、最高に美しい作品に仕立てることができた。フレディに仕事を続けさせたのはマイクにほかならない。彼はいつでもフレディを「もう少しやれるさ」と励ましつづけていた。フレディは彼の妻リンダのことも大好きになったため、彼らの家を訪ねるのを楽しみにしていた。それは家にこもりがちになっていったフレディが長い距離と努力をかけて出かける価値のある訪問だった。

ピーター・ストレイカーは長い間、フレディの人生において大きな部分を占めていた。ふたりは私がクイーンと仕事をする前からの親友で、私が会った中でも一番長く付き合いのあった友人だった。ピーターは畑が違うとはいえ自らもアーティストとしてプレッシャーを理解でき、フレディのプレッシャーをほぐそうと、いつでも側で笑いの種を準備していた。フレディが泣きたい時には肩を貸し、慰めてほしい時には腕に抱き、楽しい時には一緒になって大騒ぎをする親友だった。また兄弟喧嘩のような意地の張り合いもあった。フレディが自分のロック仲間（彼はポップスターと思われることが嫌だった）とつき合うと、ピーターは自分の付き合いのあるもっと有名な俳優や仲間を彼に紹介していた。私が知る12年の間、そんな付き合いをしていたのはピーターだけだった。フレディの晩年は彼を通じて親しくなった友人が多かった。スザンナ・ヨーク、パム・フェリス、アニタ・ドブソン、ステファニー・ビーチャム、アンナ・ニコラスなどなど。

フレディは人々に対してと同じように、街や国も愛した。'80年代の初期はニューヨークの時代だったが、続く'83年から'87年は西ドイツ（主にミュンヘン）の時代だった。ニューヨーク以前は、たぶん世界中が彼の遊び場だったと言えるかもしれない。私が働くようになる前は彼は何年もツアーとレコーディングに明け暮れ、世界中を旅していた。

ニューヨークでフレディはソア・アーノルドに加え、リー・ノーラン、ジョン・マーフィー、ジョー・スカルディィリという貴重な「ファミリー」を得た。彼らは友人として個々に知り合いだったが、フレディと親しくなったおかげでよりいっそう絆を深めていった。長身で黒い髪をしたリーはイタリアン・レストランのウェイターとして働いていた。リーはいつも元気いっぱいで冗談ばかり言っていた。彼は'80年代のマンハッタンのゲイ・ライフに精通しており、パーティに出かける準備は、いつだって万全だった。ジョンとジョーは共にアメリカン航空のキャビン・クルーの同僚で仲がよかった。仕事のスケジュールの都合上、フレディのパーティへの参加はご無沙汰になることもあったが、街にいる時は大いに楽しんだ。私たちは週末に街で盛りあがれるよう「幸せになれる薬」を隠しておく場所をそれぞれ確保していた。当時、私たちは全員が20代半ばから30代の前半だった。

ミュンヘン時代はふたりの友人に集約される。ヴィニー・キルヒベルガーとヴァルバラ・バレンティンだ。ミュンヘン・ヒルトンに泊まっていたある晩、フレディはホルストという陽気な男と外出した。その2、3日後、ゲイ・バーのニューヨークでヴィニーと知りあった。翌日、私たちはロンドンに帰らなければならなかったが、帰りの飛行機の中でフレディはヴィニーを取るか、ホルストを取るか天秤にかけて大盛りあがりだった。競争に勝利したヴィニーは黒い髪をして口髭を蓄え、身長は5フィート10インチほど。フレディのいつもの好みよりは、ちょっと体格がよかった。彼は、セバスチャン・スタッブという伝統的なバイエルン風料理のレストランを営んでいた。ヴィニーの英語力はフレディのドイツ語並みだった。彼らの関係はセックスに依存していた部分が大きかった。一時、ヴィニーのアパートに入りびたっていたこともあった。ふたりの関係は、通訳をしてくれたバルバラの存在があって続いたのだともいえる。関係が終わったのは、フレディがミュンヘンの生活に飽きてしまい、自分の新しい家ガーデン・ロッジに情熱を傾けたこと、そしてジム・ハットンとつき合いはじめたからだ。

バルバラはドイツ国内でトップ女優だった。フレディは彼女のスター然としている態度が気にいっていた。また愛すべき大衆への対応の仕方にも。彼女は公衆の面前に出ているかぎりいつでもスター扱いしてもらうことを求めていたが、一歩国外に出ると正反対で、フレディと同様に、スター扱いをされることを嫌がった。バルバラはスターである者として、フレディがどうやって日々過ごしているのか承知していた。

彼女とフレディは、お楽しみのセンスなど共通点が多かった。しかも彼女は英語が堪能だったため、一緒にいて楽だった。ふたりは、よく酒を飲んだり笑いながら夜遅くまで楽しみを求めてミュンヘンの街を探索してまわった。やがて一緒にミュンヘンにアパートを買うことにした。しかし、フレディがそこに実際住むことはなかった。イブニング・タイムズといったようなマスコミのゴシップ記事に、フレディとバルバラの関係が頻繁に登場するようになり、ふたりの仲に亀裂が生じはじめた。ふたりの結婚話の記事が出た後、情報を流していたのはバルバラ本人以外に考えられないという結論に達したのだ。バルバラはフレディに背を向けられた時、心底傷ついていた。

晩年、フレディは多くの友人たちに背を向けた。マスコミはフレディの晩年に関して「孤独で誰にも愛されていなかった」と書きたてたが、事実はもちろん逆だ。多くの友人を失ったにもかかわらず、彼には最後まで心から親しい人たちとの本当に強い絆があった。しかも腕を伸ばせば常に多くの友人たちはいた。しかし最晩年の約18ヶ月間の日々、フレディは自分の友人たちに辛い姿を見せて苦しませたり悲しませたりすることはしたくなかったのだ。

フレディが最晩年に築いた友情は、医療関係者とのそれだった。最後の1、2年、多くの医師や介護のスタッフと親交を結んだ。元々、彼は医者のところに行くのを嫌がっていたし、普段病気もほとんどしたことなどなかった。ツアー前に行う保険会社の身体検査では、いつもまったく異常なところは見つからなかった。健康でなければ過酷なツアー日程はこなせなかった。もし2万人もの人々が集まった会場で歌うことができなくなったら、多くの人々の金を失わせることになってしまう。フレディは自分が健康でいることは、ある意味、道義的なことだと思っていた。だから彼がシェパード・マーケットの一般医療医（GP）ゴードン・アトキンソンの元を訪ねたのは、必要に迫られたというよりも、もっと普通の感覚に近かった。

フレディとアトキンソン医師、そして病院とフレディを結ぶ役割を果たしたのがグラハム・モイル医師だった。彼はチェルシー・アンド・ウェストミンスター病院の専門医でフレディの担当だった。ふたりはとても親しくなった。フレディも、そしてモイルをはじめとする医師たちも互いに隠し事はしなかった。エイズはまだよく正体の分かっていない病だったが、医師たちが訪ねてきていた初期の頃でさえ、フレディは彼らに自分の友人や両親には尋ねられないような質問をし、答えを得ることができた。フレディは自分がどんどん衰えていることを実感していた。そして医師たちは彼の人生がどんな末路を辿るのか分かっていた。誰も分からなかったのは「それが厳密にいつ訪れるのか」ということだけだった。

フレディの病院への予約や医師たちとの約束を、私は慎重に隠しつづけていた。私は、フレディが患っている病気が、とにかく深刻なものに違いないことは分かっていた。心の裏側の奥深くでは「ひょっとしてフレディはエイズなのではないだろうか」と疑っていた。けれどもまた心の別などこかで前向きに「いや、そんなことはないさ」とも思った。そして「でも、それなら何の病気なんだろう?」と。耐え難い日々が続いた。そうしたなか、私は自分が何も知らされていないことが多々あることに気がついた。そしてガーデン・ロッジの人々が私によそよそしくしていることも。

とうとう私は、ジョーやジム、メアリーのところへ行き、こう切りだした「聞いてくれ……もし、このまま何が起きているのかも知らされない状況が続くなら、僕がここにいても無駄だろう。この家にいるべきじゃないと思う」。'89年半ばのことだ。そう言うまで、私はなぜ自分が医療関係の情報を知ることから閉めだされたのか、まったく分からなかった。その時知ったのは、フレディが私を疑っている、ということだった。彼の健康に関わる情報が私を通じてマスコミに漏れているというのだ。ジョーとジムは当惑する私に「本当に出ていくのかい？」と尋ねた。私は本気だった。10年以上も共に過ごし、みんなで築いてきた関係が、私の手の届かないところで、何かわけの分からないものによって蝕まれていく感じがした。それはあまりにも悲しく残酷なことだった。

それから数日後、フレディがキッチンに降りてきた。その朝、テリーはまだ来ておらず、ジョーとジムは外出していた。もしかしたらそうするように言われていたのかもしれないが。フレディはテーブルにつき、私はキッチンの中央の作業台の脇に立った。彼はこう切りだした「君が出ていくなんてそんなバカげた話、どういうわけなんだい？」。私は自分が感じていたことを、彼もそれまで思ってきたことを互いにすべて話した。彼は私が仲のよい外部の友人に家の中の事情を漏らし、それがゴシップのネタになったと思っていた。フレディの疑いが何なのかはっきりすると、私はふとまだ状況を救える微かな望みはある、と思った。私はそんなことはしていなかったし、慎重さを欠いた痴話話もしたことなどなかったからだ。私は彼に言った「僕がバンドと仕事を始めたばかりの頃、見るものすべてが新しくて、すばらしくて、本当に魅力的だった。だから友人たちにはなんて素敵な生活なんだろうと、しゃべりまくったことはある。でも君のことを知って以来ずっと、僕は君にとってのプライバシーがどういう意味を持っているか、完璧に理解してきたつもりだよ。君も僕が決して邪魔したりするような真似をしてこなかったことは分かってるだろ？　君のためならどんなことでもしてきた。君の望んだことは何でも……」。彼は私のほうを向いてこう言った「僕が本当に重病だってことは察しがつくだろう。話はこれで終わり。これ以上、何も言うことはないんだ」。

それからフレディは何も話そうとしなかった。彼の言いたかったことはすべて理解できた。私も友人の何人かをエイズで亡くしていたからだ。フレディもまた、詳しく話す必要などないことを承知していた。張りつめていた緊張がほぐれていくのが手に取るように分かった。私はフレディの病気について他言したことは決してない。自分の親友たちにも。しかし私はまだ、この家に居るべきなのか去るべきなのか迷っていた。家から何かが漏れたことは明白だったのだから。

当時フレディの健康状態の話題はどこの街角でも語られるような、公然のゴシップと化していた。それは度重なるマスコミの憶測のせいだった。私はフレディの健康状態を聞かれるたびに毎回嘘をついていた。まるでお経でも唱えるかのように「いや、彼は元気だよ。少し体調が悪いだけさ」とか「ちょっと肝臓に問題があるんだよ」というように。

しばらく沈黙が流れた。フレディと私のふたりとも、次の話題に移るには十分な間だった。フレディは私に「まだ出ていきたいのかい？」と聞いた。その問いは私たちが築いた関係の何かを語っていた。にもかかわらず、私は答えた「そうだな……君が本当に僕を必要としないんなら」。間髪入れずフレディは返した「僕には君が必要だ。居てほしいんだよ」。私は自分の感情を抑えるのに懸命だった。そしてフレディにこんなことを言わせてしまったことに対して、心から罪の意識を感じていた。私は自分が笑ったのか泣いたのかも覚えていない。私たちはただ抱擁をかわした。それから私はフレディの世話をすることに対して、なおいっそうの責任を負うようになった。私とフレディの間に、この何ヶ月か深く低くたれこめていた雲が一気に晴れていった。

フレディは「イエス・マン」を憎んだ。なんでも「イエス」としか言えないような人間は「自分」を持たない都合のいい人間だとみなしていた。フレディが好んだのは自分のままにあろうとする人々だった。そして時には自分を遠ざけようとする友人や仲間も必要だと思っていた。そんな友人たちとの平和な葛藤を通じて、自分自身の本当の感情に気がつくこともあったからだ。

それから2年近くが過ぎた'91年の晩春、庭のマグノリアの花が咲きはじめた頃だった。私は数年前から痛風に悩まされていたが、その時は足首に症状が出ていた。その日、フレディは庭に出ることにしたのだが、私はそんな痛みのために松葉杖なしでは遠くまで行けなかった。フレディは大きな籐の椅子を温室から2脚庭まで運びだし、腰掛け椅子も持ちだしてマグノリアの下に置いた。ふたりの病人が大きな肘掛け椅子に埋もれるように座った。ふたりとも痛めていた足を補助用の腰掛けに乗せて。マグノリアの花や葉の間を抜けて日の光が降りそそいでいた。フレディが雑誌や飲み物まで用意していたため、私は動く必要がなかった。私たちはそこでしばらく、たわいもないおしゃべりをして過ごした。3時間ほど経って牧歌的な気分とありきたりなシナリオに飽きてしまったフレディは家の中へと戻っていった。

フレディの死より前に、彼と私との関係を危機に追いやった情報がどのようにして家の外に漏れたのか判明した。ゴシップは人づてに伝わっていくものだ。偶然の運び屋はジョーだった。ジョーは体力をつけるために毎日ジムに通っていた。しばらくして分かったことだが、ジムの常連にはデイリー・ミラー紙の内通者となる人物がいた。ジョーが彼の友人たちと話をしている間、情報はコツコツと収集され、まるで恐ろしい伝言ゲームのように伝えられていったのだ。

第6章：自由への旅立ち

闘病生活

'91年9月、ジョーと私は外出していても連絡が取れるようにポケットベルを渡された。フレディの症状は見るからに悪化していた。小さなポケベルは気休め以上の意味を持っていた。9月の終わり頃から、フレディの視力はみるみる衰えていった。ボーナムスのモンペリエ・スクエアで路上に続く白い大理石の階段を歩いている時、足下を踏みはずした彼は、瞬間的に私の腕につかまり事なきを得た。歩幅の目測がきかなくなっていた。彼は否応無しに体の衰えを自覚させられた。遠近感がつかめなくなりつつあったのだ。以来フレディは、ほとんど外出しなくなった。

9月から10月に変わる頃、フレディは気分転換にとドレッシングガウンを身にまとい1階の居間に降りてくると、1時間ほどそこで過ごした。常に誰かが側についていた。ベッドから起きてくる回数はしだいに減っていったが、それでもサザビーズやクリスティーズのオークションのカタログは愛読していた。私は毎朝8時には起きてミューズの寝室から母屋のキッチンへ向かい、フレディが起きるのを待った。フレディの寝室とキッチンにはインターホンがつながっていて、彼が必要な時にはいつでも、私たちがどこの部屋にいようと呼びだすことができた。

食事はスクランブル・エッグや米を炒めたもの、飲み物は水かアールグレーのミルクティーだった。歌を歌ったり風邪をひいたりして喉の調子が悪くなると、温めたハニー・レモンを飲んだ。それにミキサーで作ったパイナップルやマンゴー・ジュースも。フレディはフルーツ・サラダが好きだったため、常に新鮮な果物、たとえばスター・フルーツやキウイ、シマホオズキやパッション・フルーツなど南国のフルーツを様々取りそろえておいた。

フレディが飲みたい気分になった時には、紅茶を部屋まで持っていった。私はトーストのひと口でもいいから栄養を摂ってもらおうと毎回勧めた。しかしほとんどの場合、拒否された。私に「何か食べようよ」と言われるたびに困っていたフレディだったが、かつては逆に私を困らせたものだった。病気が発症する前、フレディは家に置いていないものばかりを食べたがった。だが彼は、もう何も欲しがらなかった。

数ヶ月前、フレディはガーデン・ロッジのすぐ側にあるクロムウェル病院に、ヒックマン・ラインの移管手術のために一晩入院した。それは首の静脈にカニューレ（配管）を取りつける簡単な手術だった。左胸の上部の皮膚に埋めこまれたカニューレの先の部分にはゴムの管がついており、点滴液のバルブを挿しこむことができた。鎖骨のあたりにほんの小さな傷が残っただけで、ほとんど人目には分からなかった。看護婦を呼ぶ手間が省けはしたものの、衛生上の問題に関して細心の注意を払う必要があった。細菌が人体に直に入ってしまい、患者が急激な反動を引きおこす恐れがあったからだ。患部を清潔に保つことは、想像以上に骨の折れる作業だった。ましてや、猫たちが転げまわったりするようなベッドの上に患者はいたのだから。

しだいに体が衰弱していたにもかかわらず、フレディはこれまで同様に寝室の大きなベッドの上で愛する猫たちに囲まれて過ごしていた。彼は生涯を通じて、たくさんの猫を飼った。彼にとって猫たちは人間と同じように大事な存在だった。トムとジェリーは、彼とメアリーがホランド・ロード100番地で一緒に暮らしていた頃、初めて飼った猫だった。2匹はスタフォード・テラスに一緒に引っこし、その後メアリーのフラットで生涯を終えた。

トニー・バスティンと一緒に来た茶虎模様の大きな猫、オスカーはフレディ家の猫社会のボスに君臨しつづけたが、ある日とうとうガーデン・ロッジの塀を越え、よそに住みかを求めてそのまま戻ってこなくなった。銀色にブルーポイントの毛足の長いティファニーは、メアリーからのプレゼントだった。ティファニーとその後仲間入りしたちっちゃなリリーはペットショップで買われた猫だったが、他はみなブルー・クロス病院からもらわれてきた猫だった。

フレディの一番のお気に入りはデライラとゴライアス。なぜデライラがフレディ一番のお気に入りだったかというと、彼女はどんどん大きくなったからだ。ゴライアスは愛嬌たっぷりのかわいい猫だった。三毛猫のミコがやってきたのは日本への買い物ツアーの直後。まさにぴったりの名前だった。次に来たのはジムが見つけてきたロメオ。白っぽい地に縞模様の斑猫だった。そして最後にやってきたのがリリー。白猫ではあったが、ところどころに百合の花弁のように黒い毛が混ざっていた。フレディは猫っかわいがりのあまりに、すべての猫の絵をアン・オートマンに依頼して描いてもらった。そのうちオスカーの絵だけはのちにクイーン・ファンクラブのオークションに出された。

フレディはもっぱらディナー・テーブルから食べ物をちょこちょこ与えるか、気まぐれで午前11時頃と午後のお茶の時間にお菓子や固形のキャットフードを投げていたが、猫たちにエサを与えるのは基本的に私たちの仕事だった。エサは朝にはシーバやウィスカーといった缶詰、夕方には魚のフライや鶏肉など新鮮なものを食べさせた。フレディが朝食にスクランブル・エッグを食べれば、彼らも卵やソーセージをもらえた。しかし、ちらりと一瞥しただけで食べないこともたまにあった。

フレディの頭痛の種は猫たちがカーテンや壁紙、絨毯などにおしっこをひっかけることだった。こんなに広い庭があるというのに、どうして家の中にまで縄張りとして臭いをつける必要があるのか、フレディは不思議がった。ジョー、ジム、メアリー、そして私はしょっちゅう彼らの「スプレー」に汚染された浅黄色の絹のカーテンをごしごし拭いてまわった。特にティファニーがキッチンのトースターにまで粗相をした時、まさに憤慨《フン》したのは私だった。トースターは一発でお払い箱になった。毎年、クリスマスになると猫たちにもプレゼントが用意された。フレディはジムに彼らのためのプレゼント入りの靴下を用意させ、クリスマスの朝には猫じゃらしや、かじって遊べるようなおもちゃをあげていた。

フレディは家の中に新しくできたひっかき傷や染みには誰よりも早く、敏感に気がついた。彼が家政婦のメアリー・パイクのことを称したこんな言葉がある「もし彼女がルイ14世の時代に仕事をしていたら、現代にアンティークは存在しなかっただろうね！」。彼女の仕事熱心さは筋金入りだった。掃除機でフレディの一番高いアンティーク家具の小さなゴミくずから部品まで吸いこんだ。

フレディがスイスから帰国したのは'91年の11月9日、土曜のことだった。彼はこの時、鎮痛剤を除くガンシークロヴィール、セプトリンといった延命処置用の薬を一切摂らない決意をしていた。鎮痛剤はこの時まで、ディハイドロコダイン（ＤＦ118）を飲んでいたが、医師たちとの話し合いで必要な時だけモルヒネを打つことにした。最初の注射の時、ひどい吐き気があったため制吐薬も処方された。ジョーと私は再びその分量や回数について教わった。制吐薬はある程度効き目があったが、やがて彼の体はモルヒネさえ受けつけなくなった。モルヒネに頼ることを少しずつ減らしていき、経口鎮痛剤を飲むだけになった。

フレディが一切の薬を飲むのをやめた理由のひとつは、事実上、ガーデン・ロッジの塀の中に幽閉状態になったからだ。門の外には常にマスコミが張りつき、彼の友人たちもそれらの輩にうるさく付きまとわれずには家にやってこられなかった。薬をやめた最初の週ぐらいは症状にあまり変化は見られなかった。しかし飲むことを止めた薬の中には食欲増進剤も含まれていたため、食べる物はおろか飲み物すら摂れなくなり衰弱は加速した。

薬を摂るのをやめた時、フレディが自殺を考えているのではと考えた人間もいたかもしれない。しかし彼はそれを「自制心を失った行為」と見なしていた。死を覚悟したフレディにとって、もう死自体について問答する必要はなかった。避けられないものが近づいてくるなか、くよくよ悩んでいる時間すらないことを彼は痛いほど分かっていた。フレディとの会話は、ただ時間を過ごすだけの簡単なおしゃべりだった。私は枕やクッションの位置を直し、彼がテレビを観やすいように支え起こすとそのまま下に降りた。彼の一番の友達はつけっぱなしにしたテレビ。何も言いかえさなければ、気を使う必要もなかった。もちろん猫たちも一緒だった。人を部屋に入れたくない気分の時はあっても、猫たちを部屋に入れないことはなかった。1階に戻ると私は念入りにキッチンに掃除機をかけた。もし彼が何か欲しくて下に降りてくるなら、ここが一番楽だったからだ。

私が歓びを感じたのは、キッチンのインターホンのブザーが鳴りひびく時だった。それはフレディが何かを必要としている合図だったから。私はいつでも彼が何か食べてくれることを願いながら2階に駆けあがった。だが、彼の側に寄りそっている猫の食事を出すことのほうが多かった。私は1日中ブザーが鳴るのを待って過ごした。2分の時も1時間の時もあったが、およそ1日に12回くらいブザーは鳴った。フレディはまどろんでいることが多かった。

夜は10時半から11時くらいまで母屋にいて、最後にもう1度フレディの様子を見てから自分の部屋に戻った。夜中に呼びだされることはほとんどなかった。その気になれば暴君のように多くを望み、聞き分けのないプリマドンナのように無分別に振るまえたはずだが、私たちが昼間のうちに自分の世話ができるように夜は休息が必要なことを彼は分かっていた。とはいえ、フレディにとって昼夜の区別はなかっただろう。ウトウトとまどろみ目を覚ましては、薬を断ったことで自分の体に起きている変化を考える日々。彼はいつでも薬の効用を知っておくようにしていた。薬をやめてからは自力で病気の進行を把握していた。時には医師から「何か薬を」と勧められもしたが、治療を続けるかどうかはいつでも本人の判断に任されていた。

フレディは最後の最後まで、日常生活を変えることを望まなかった。運転手のテリーはフレディが車に乗って外に出ることなどもうあり得ないのに毎日出勤していた。私たちスタッフも毎日買い物をした。ジョーは毎日運動を、ジムは庭仕事を続け、家政婦たちは部屋をきれいにした。7ヶ月の身重の身だったメアリーも、自宅にまだ幼いリチャードを残したまま、自分の仕事を続けていた。フレディが「仕事もすべて通常通りに」と望んだからだ。まるでガラスの覆いのかかったビクトリア調の時計のように、ガーデン・ロッジは巨大な透明のガラスに包まれているかのようだった。時計のチクタクと時を刻む音が家中どこにいても聞こえてきた。1秒1秒フレディの命を狭めていく、いつまで続くのか分からないカウントダウンの音。ガラスの外の世界はすべてが普通に運んでいるというのに、その中にいる私たちときたら。本の向きや灰皿の場所を変えてみたりクッションを整えてみたり、フレディがいつでも、たとえ一瞬でも下に降りてきた時、彼が望んだ通りの完璧な家のままであるように備えていた。

フレディとその話をしたのは、亡くなる数日前の火曜日だった。その日、私はフレディのベッドに並んで身を横たえた。彼は家の様子はどうか、と尋ねた。「きちんと整頓されてるかい?」と。そしてこう続けた「本当に疲れてしまったよ。また下に降りていって様子を見られるだろうか。家の中がどうなってるのか、頭の中で想像してるんだ。僕はこの部屋にひとりぼっち。突然この家が巨大に思えてくるよ」。私は、今こそ実行すべき時が来たと思った。少し前、私たちスタッフは医師たちから言われていた「後に遺される者から『大丈夫だ』ということを伝えなければいけません。そうすれば彼も安らかに逝けるでしょうから」と。私は、フレディに話しかけた「すべてうまくいってるよ。君の大好きな家は、何ひとつ変わってない。いつもの通りさ。もし君がその時が来たと思ったら、僕らはみんな側にいて見守っててあげるからね。何ひとつ心配することはないよ。みんなうまくいってるから……」。沈黙が流れた。1時間か2時間。そして彼は再び眠りに落ちていった。

この最後の1週間、フレディの元に何人かの訪問客があった。週の最初のほうの午後には両親、そして妹夫婦カシミラとロジャーがふたりの子供を連れてお茶をしにきた。フレディは超人的な努力でベッドに起きあがり、信じられないことに2～3時間も彼らと楽しく過ごした。この期に及んでもフレディは彼らを守ろうと、「何も心配はいらない」と信じさせようとしていた。私たちは紅茶と自家製のキュウリのサンドイッチ、買ってきたケーキで家族をもてなした。彼らは、これが生きているフレディに会う最後になろうとは思っていなかった。その週の終わりに再度訪ねてこようとしたが、フレディはそれを断った。よりいっそう病状が悪化した自分の姿を見せて、彼らを苦しめたくなかったのだ。

エルトン・ジョンも訪ねてきて、40分ほど話していった。以前、何度かミニ・クーパーでお忍びで見舞いに来た時にはミューズに車を停めたが、今回はベントレーでガーデン・ロッジ正面に乗りつけた。マスコミの質問には「僕は友人に会いにきただけ」と繰りかえしていた。パリでの仕事が控えていた彼は帰る前に「何かあったら」と連絡先の電話番号をいくつか手渡してくれた。ブライアンとアニタ、ロジャーとデビーはそれぞれ別の日にわずかな時間ではあったが会いにきた。何も話さなかったが、フレディは彼らに無言の「さようなら」をしていた。

アトキンソン先生の定期的な往診はその週も続いていた。1日おきにやってきて悪化していくフレディの身体を診察した。この時点で、私たちは残された時間はあと2～3週間くらいだろうと思っていた。

そして'91年11月22日の金曜を迎えた。前日の木曜、フレディは私たちにジム・ビーチに電話をするよう命じ、その後「彼と会う約束をした」と話した。ジムは家にいる私たちやフレディと同様、アトキンソン先生と密に連絡を取っており状況を把握していた。彼は金曜の朝10時に家にやってくると、フレディの寝室に直行した。ミーティングの間はジョーが1度飲み物を持っていったきりだった。そしてその5時間半後の午後3時半、長いミーティングがやっと終わった。部屋から下りてきたジムは話し合いの主な内容を伝えた。それは、ふたりがフレディのエイズ感染に関する声明を公式に発表することを決定したというものだった。私たちは、大きな衝撃を受けた。意見を求められた私たちは返す言葉がなかった。内輪のスタッフの中だけにとどめてきた重大な秘密が世界に報じられる時が遂に来てしまったのだ。情報が公式のものとして発表されれば、私をはじめ事実を知っていた者はすべて「公然の嘘つき」だったことになる。話しあった後、私たちは声明を出すことに同意した。

フレディは過去に何度か自分の病に関する声明を発表することを考えていた。しかし彼自身だけでなく、私たち、彼の家族、そして彼の友人たちに対する気持ちがそうすることを踏みとどまらせていた。大衆から眉をひそめられ、根掘り葉掘り詮索されることから自分同様に私たちも守りたかったのだ。町中で後ろ指を指されたり、陰口を囁かれるような目に遭わせたくなかったのだ。加えてジョーとジムも自分と同じ病を患っていることを知り、ガーデン・ロッジに「死の館」というレッテルを貼られたくもなかった。

クイーンの広報担当ロキシー・ミードは声明を金曜の晩に発表するよう指示された。ジム・ビーチは何よりタブロイド紙が最初に嗅ぎつけて記事をすっぱ抜くことだけは避けたかった。そういった新聞はフレディの病状についての憶測記事の報道合戦をすでに何ヶ月も前から繰りひろげていた。願わくば一般紙の日曜版で責任ある記事を書いてほしかった。アトキンソン先生からフレディの容態に対する見解を聞いた後、彼は元から予定されていた出張のためにロスへと飛んだ。

その前の週の月曜からジョーとジムと私は3人で当直を決めて、24時間体制でフレディに付きそうことにしていた。ベッドの枕元には夜通し誰かがついていた。もし夜中にフレディが目を覚ました時は、必ず誰かが手を握ってやった。会話をする必要はなかった。誰かが側にいることだけを感じさせるだけで十分だった。マスコミ発表が済んだ後、その金曜の晩は私の当番だった。フレディは発表のタイミングがどうして今になったのか理由を説明してくれた。その夜の彼はまるで肩の荷が下りたように本当に安らかだった。

バラ色の翼に乗って

土曜の朝になりジョーが交代に来ると、私は自分の部屋に戻ってその日のてんやわんやの騒ぎに備えるべく仮眠した。外出したジムは新聞全紙を買いこんできた。表紙にはすべてフレディの顔が載っていた。テレビをつければそこにも彼の顔があった。新聞はいくつかベッドの脇にも運ばれたが、フレディがそれを読んだ形跡はなかった。彼は外で起きていることはすべて分かりきっているかのように押しだまっていた。マスコミが憶測を加え、声明にどんな尾ひれが付けられようと、もはや関係はなかった。

土曜日、私はほとんどフレディに会わなかった。その夜の当番だったジムに後を任せ、私はいつもの時間に床についた。そして日曜の朝5時半、内線電話が鳴りひびいた。それはジョーからだった。彼は切羽詰まったように「大至急、フレディの部屋に来てほしい」と言った。私にはフレディの身に何か起きたのか、尋ねる勇気はなかった。ただ電話を切ると母屋へと向かった。

寝室に着いた時、フレディは昏睡状態に陥っていた。発作を起こし、体が硬直しきっていた。頭が不自然な角度に傾き、瞳は部屋の片隅のほうを凝視していた。話しかけても、ゆっくりと揺りうごかしても、私たちの存在に気づいている様子はなかった。アトキンソン先生に電話をすると、できるだけ早く行くと言ってくれた。そして私はメアリーにも電話で事態を話した。彼女がやってきたのは10時半頃、私たちはフレディと彼女をふたりきりにしてあげた。しばらくして彼女は家に帰っていった。アトキンソン先生が到着し、状況を伝えると、彼は懸命に私たちを落ちつかせようとした。「フレディはこの状態で後何日かは持ちこたえられるだろう」と説明した後、ゆっくりとこう言った「フレディは動揺なんてしてほしくないはずだよ。医学的に彼にしてあげられることはもう何もない。今、君たちが彼のためにできることは側についていてあげることだ」。

フレディの家族にも連絡をした。私は彼の両親に「フレディは今日、体調がすぐれないんです。きっと来週早々には元気になりますからね」と伝えた。デイヴ・クラークは知らせを受けるとすぐガーデン・ロッジに駆けつけてくれた。そしてテリーも夕方遅くには到着した。その時、2階のフレディに付きそっていたのはデイヴで、残りの私たち3人とアトキンソン先生、テリーの5人はキッチンにいた。夕方6時45分頃、食事をしてこようと席をはずした先生を送ろうとジョーがミューズに向かった時、デイヴが下に降りてきて「フレディがトイレに行くのを手伝ってあげてほしい」と言った。ジムと私は、フレディがそんな意思を伝えられたことがとてもうれしかったと同時に驚きでもあった。臨床的には寝たきりであったかもしれないが、フレディは最後まで「そうじゃない」と胸を張っていた。その最後の週も私たちは彼をベッドの端に座らせて、両腕を支えながらトイレに連れていった。私たちが2階に駆けあがり、ベッドのフレディの体を動かした時、すでに自然に任せて用を足してしまっていた。そして彼を着替えさせていた時、ジムと私は彼がもう息をしていないことに気がついた。時刻は6時45分になろうとしていた。

私はアトキンソン先生を呼びもどそうと、ミューズのジョーに内線電話をした。先生はまさにミューズを車で出たところだった。ジョーはローガン・ミューズの通りに大急ぎで走りでた。敏感なマスコミが何かが起きたことを察知するなか、彼は先生の車を停め、ガーデン・ロッジに連れもどした。すぐにフレディの部屋に上がってきた先生は、フレディの容態を見ると彼の死を告げた。時刻は6時48分だった。

そこにいた全員が呆然と立ちつくしていた。私は気持ちを奮いたたせ、電話を手にした。まずメアリーに、そしてフレディの両親に。後者にフレディの死を告げることは本当に辛かった。息子に会おうとした彼らを1度ならず2度も断ったのはこの私だったから。そして、ロスで打ち合わせに忙殺されていたジム・ビーチに電話した。マネージャーの彼の立場は、今やフレディの遺言執行人に変わっていた。ようやく捕まえたジムと話しあったのは、最も重要な事項のひとつである「公表」のタイミングだった。私たちはフレディの遺体を家の外に運びだすまで声明を出さないという結論で一致した。

その2週間ほど前、何の延命処置もとらず人生を終えることを選んだフレディの「決断」を受け、私は葬儀屋ジョン・ノウズの元でゼネラル・マネージャーを務めていた私の父レスリーに、どうすればマスコミに包囲された家からフレディの遺体を外に運びだせるのか相談した。マスコミはフレディのエイズ公表後の金曜の晩以来、増えつづけていた。声明を発表する2週間ほど前には昼10人くらい、夜3人くらいの24時間体制で張っていたが、彼の死の時点でその数は30~40人に膨れあがっていた。私たちはマスコミが遺体搬出の写真を撮ろうとした場合、ファイバー・グラスの柩形をしたコンテナを普通の柩と取りかえる計画を練った。私は必要な手はずを整えることに追われた。

真夜中の脱出劇の手配を整えおえた頃、テリーは地元の警察に電話して事情を話し、外に待機するマスコミへの対処法のアドバイスを仰いだ。葬儀社のバンは到着すると、ミューズからバックしたまま家の正面玄関に着けた。私が父と4人の柩持ちを狭い正面階段からフレディの寝室へと案内した時、他にその場にいたのはジョーだけだった。ジョーと私は外側の小さなバルコニーへと続く、フランス窓に背を向けて立っていた。

私たちはフレディから目を離すことができなかった。涙が溢れるままフレディの体が黒い保護バッグに包まれていくさまをじっと見つめていた。伝染性の病気で亡くなった場合、保護バッグを使うことが義務づけられていた。そんな様子は本で読んだり、テレビドラマや映画で観たことはあっても、それが自分の愛する人の身に起ころうとは……。すべてが超現実的な世界の出来事のように思えた。

しかし、それが私とフレディの別れだった。バッグのジッパーが閉められ、フレディの姿を見たのはその時が最後になった。私は震えるジョーの手を握っていた。ベッドのすぐ側に立った私の左で震えているジョーの姿が微かに見えた時、手を伸ばして彼の手を取り「決して君ひとりではないんだよ」と呟いた。

バッグは慎重に柩の中に収められ準備が整うと、私は担ぎ手たちを階下へ導いた。マスコミを寄せつけないように大挙してバリケードを張ってくれた警察の協力で、バンはミューズからローガン・プレースの路上に出た。通りの突きあたりで一方通行の道路を右折する際、およそ5分間、通行止めにしてくれたので、マスコミはバンを追うことができず、柩の行き先は誰にも突きとめられることがなかった。「金をかっさらって逃げろ！」とフレディはよく言っていたが、この真夜中の脱出劇はいわばプレスリーのコンサートを毎回締めくくっていたアナウンスと同じだった。「皆さま、マーキュリー氏は、すでにこの建物を出ています」と。

同じ晩、奇遇だがバルバラから電話があった。何となく電話しなくてはと、虫が知らせたのだという。彼女は電話が遅すぎたことを知り、ひどくショックを受けていた。サンディエゴのソアとリーなど連絡した友人たちは一様にショックを受けていた。いつでも悪いニュースほど早く世界中に知れわたるものだ。家の者は世界中から殺到する電話の応対に追われた。クイーンの3人のメンバーにはクイーン・プロダクションでジム・ビーチの右腕として信頼されていた秘書のジュリー・グローバーから訃報が伝えられた。

フレディは火葬を希望していた。私はずっと前に父を手伝った経験から、火葬の際の死亡診断書には医師ふたりの署名が必要なことを知っていたため、フレディの闘病生活の間ずっと面倒を見てくれたグラハム・モイル先生に連絡をした。ガーデン・ロッジの家の中には数人が残っていたが、そこにはひどく空虚な雰囲気が漂っていた。この家の主はもはやいないのだ。私がベッドに向かったのは午前4時頃だった。

翌日、チェルシーの戸籍役場にフレディの死亡届を出しに行った。それから葬儀社ジョン・ノウズ・アンド・サンズに出かけて、葬儀の詳細について話をまとめた。未婚のまま生涯を終えた故人の喪主である家族から、葬儀はパールシー教徒の教義に従って速やかに行ってほしいと頼まれていた。葬儀の段取りについては、私と父に任されていた。火葬の場合、通常だと30分の葬儀が基本だったが、1時間ほどの葬式を行える時間枠をウェスト・ロンドン火葬場に見つけた。一番早く行えるのは水曜の早朝だった。フレディの両親と話しあい、宗教上どの時間帯で儀式を行うべきなのかを確認し、火曜の夜遅くにフレディの遺体をラドブルック・グローブに運び、翌朝近親者だけの会葬を先に行うことを決めた。フレディは25年間を大衆のスターとして暮らしたが、それ以前の20年間は家族だけの存在だった。葬儀に関しては、できうるかぎり家族の意向が反映されることを一義に考えた。葬儀は水曜と決められた。

月曜の残りと火曜丸々1日は、段取りの確認や割り振りに追われるなか、ひっきりなしにお悔やみの生花が届けられた。それらの花はすべて葬儀場に届けられたが、式が終わった後、喜んでもらえそうな病院やホスピスの元へ届けられるよう手配をした。

'91年11月27日水曜日の朝、その日は湿っぽい晩秋の朝だった。ガーデン・ロッジの庭の中のものすべてがくすんで見えた。そんななか、芝生だけが季節に不釣り合いなほど青々としていた。私は自分の世界がそこで止まってしまったような、自分の中の一部が死んでしまったかのような感じを覚えた。家の中ではフレディの友人たちのグループが何人かで集まっており、彼の最後の旅にお供しようとしていた。3台のリムジンとさらに何台かの乗用車を連ねた葬列を先導したのは花を積みこんだ霊柩車5台だった。ジョー、ジムと一緒の車に乗りこんだ私は、これから行われる式のことで頭がいっぱいだった。車窓から外を眺めると、何人かの人々が通りすぎる葬列の車を立ちどまって見つめていた。葬列は、ほどなく火葬場に到着した。

ウェスト・ロンドン火葬場の礼拝堂に集まったのはフレディと血縁関係にあった親族と、心のつながりのあった友人たちだった。アレサ・フランクリンの〈ユーヴ・ゴット・ア・フレンド〉が流れるなか、フレディの柩が礼拝堂に到着したのは10時。柩の上に乗っていた紙で作った小さな花は、幼い姪っ子ナタリーからの最後のプレゼントだった。そして、白いローブをまとったふたりのパールシー教徒の僧侶によって、その日の朝8時半からラドブルック・グローブの葬儀社ジョン・ノウズ・アンド・サンズの礼拝堂で行われていたゾロアスター教の葬儀が引きつづき行われた。

フレディの遺志だった火葬は家族の希望でもあると同時に、ゾロアスター教の教義でもあった。フレディの生活は宗教や信心とはかけ離れたものだった。彼は聖職者や宗教団体の偽善的なものすべてを不快に思っていた。式はまるでフレディのステージのように完璧に行われた。そしてモンセラの歌う『トロヴァトーレ』のアリア〈恋はバラ色の翼に乗って〉の流れるなか出棺となった。葬儀が静寂に包まれ、プライベートなものであるにもかかわらず、膨大な数のマスコミ関係者とカメラマン、見物人がチャペルの向かい側の丘に押しよせていた。

葬式に参列したフレディと親しかったごく内輪の友人たち、バンドのメンバーとその配偶者、ジム・ビーチ、アトキンソン先生、モイル先生、テリー、メアリー、ジム、ジョー、デイヴ、そして私は、ガーデン・ロッジに戻ると彼の人生をシャンパンで祝した。私の最後の奉仕に、きっと彼も満足してくれているように思う。私の仕事はフレディをどこから見ても完璧な人物に見せることだったから。

著者■ピーター・フリーストーン　PETER FREESTONE
英国サリー州カーシャルトン出身。'79年よりクイーンの衣装係を経てフレディ・マーキュリーのパーソナル・アシスタントとして10年余、フレディを公私ともに支えた。'91年11月24日、後天性免疫不完全症候群（エイズ）による合併症で死亡したフレディの最期を見届けたひとりであり、その後50万ポンドの遺産を譲りうけている。

協力■デヴィッド・エヴァンス　DAVID EVANS
音楽ライター

訳者■田中雅子　MASAKO TANAKA
岩手県盛岡市出身。国際映画祭の運営に携わる傍ら、エンターテイメント翻訳・映像字幕翻訳を手掛ける。共訳書に『ブルース・スプリングスティーン　ロックンロールの囚人』（共訳）。

日本語版企画編集：城山隆
装丁：坂川事務所
PHOTO:ARETT VEREECKE/ORION PRESS

21世紀《せいき》に語《かた》りつぎたいスーパースター伝説《でんせつ》⑤
フレディ・マーキュリー
華麗《かれい》なるボヘミアン・ラプソディ

2001年9月4日　初版　第1刷
2004年3月24日　　　　第3刷

著　者　ピーター・フリーストーン
協　力　デヴィッド・エヴァンス
訳　者　田中雅子
発行者　吉田嘉明
発行所　株式会社DHC
〒106-0041　東京都港区麻布台1-5-7
03-3585-1451（営業）
03-3585-1581（編集）
03-5572-7752（FAX）
振替　00160-6-716500
印刷所　共同印刷株式会社

ISBN4-88724-242-5 C0098